Das Buch

Mit einigem Abstand und ausreichend Selbstbewusstsein betrachtet, sind peinliche Momente das Unterhaltsamste, was man sich erzählen und weitererzählen kann. Und am allerlustigsten sind Peinlichkeiten, die anderen unterlaufen sind. Ist auch noch Selbstverschulden oder eine unsympathische Person im Spiel, kommt das Element der Schadenfreude hinzu …

Oskar Simon hat für dieses Buch die peinlichsten Erlebnisse und Szenen gesammelt, die uns oder anderen zugestoßen sind: mehr als 130 Geschichten aus dem wahren Leben – viele davon haben Leser des *Süddeutsche Zeitung Magazin* und von *stern.de* beigesteuert, die seinem Aufruf zum Einsenden ihrer peinlichsten Momente gefolgt waren. Echt peinlich? Echt witzig!

Der Autor

Oskar Simon ist Journalist in Hamburg und immer wieder Opfer blamabler Ereignisse, von denen einige auch in diesem Buch stehen.

OSKAR SIMON

NACKT IM TREPPENHAUS

PEINLICHE GESCHICHTEN AUS DEM WAHREN LEBEN

Mit Cartoons
von Til Mette

Ullstein

Besuchen Sie uns im Internet:
www.ullstein-taschenbuch.de

Originalausgabe im Ullstein Taschenbuch
1. Auflage November 2016
© Ullstein Buchverlage GmbH, Berlin 2016
Cartoons im Innenteil: © Til Mette
Umschlaggestaltung: ZERO Media GmbH, München
Titelabbildung: © FinePic®, München
Satz: KompetenzCenter, Mönchengladbach
Druck und Bindearbeiten: CPI books GmbH, Leck
Printed in Germany
ISBN 978-3-548-37666-0

Inhalt

Vorwort:
Wie peinlich ist das denn?

Blut schießt in den Schädel. Arme und Beine erschlaffen, der Magen meldet Taubheit wie nach einem Volltreffer in den Solarplexus. Man möchte schlagartig im Erdboden versinken oder – noch lieber – sich gleich ganz in Luft auflösen, und dass beides unmöglich ist, macht die Sache nur noch schlimmer. Peinliche Momente sind wie barfuß gegen ein Tischbein zimmern: ein durchdringender, alles betäubender Schmerz, der schon deshalb nur quälend langsam abklingt, weil man ihn sich ja selbst zugefügt hat. Es ist, als würde man unter den Augen anderer gleich mehrere Vorhöfe der Hölle nacheinander durchschreiten.

Wenn man sie aber erst einmal hinter sich und den »Wie peinlich war das denn«-Schmerz überwunden hat, gibt es kaum etwas Witzigeres, als persönliche Blamagen zum Besten zu geben – wie den Klassiker, sich nach dem Entbindungstermin einer Kollegin zu erkundigen, die sich dann als ganz und gar nicht schwanger entpuppt. Noch unterhaltsamer ist es lediglich, mit anderen deren Fettnäpfchen-Erlebnisse zu teilen. Angenehmer Nebeneffekt: Das gemeinsame Grinsen über die persönliche Ungeschicktheit nimmt dem peinlichen Gefühl vieles von seiner Schärfe. Denn es vergewissert einem: Ich bin – natürlich – nicht der Einzige, dem so etwas passiert. Und mit etwas Abstand sind Fauxpas sogar etwas, über das sich herzhaft lachen lässt.

Und weil das so ist, versammelt dieses Buch mehr als 130 peinliche Geschichten aus dem wahren Leben. Viele davon haben Leser des *Süddeutsche Zeitung Magazin* und von *stern.de* beigesteuert, die unserem Aufruf zum Einsenden ihrer peinlichsten Momente gefolgt waren. Manche taten es unter der Maßgabe, dass ihre persönlichen Erlebnisse anonym veröffentlicht werden würden. Deshalb sind die Anekdoten hier lediglich mit Initialen gekennzeichnet. Um der Vorstellungskraft und dem Genuss der Fremdscham auf die Sprünge zu helfen, haben wir in Klammern jeweils das Geschlecht der Autoren hinzugefügt.

Allen Einsendern sei gedankt, wie auch jenen Freunden, Kollegen und Verwandten, die ihre peinlichsten Episoden mit uns geteilt haben. Dabei gab es tatsächlich den einen oder anderen Zeitgenossen, der auf Nachfrage abwinkte und behauptete, keine peinlichen Geschichten zu erzählen zu haben. »Ich habe einfach noch keine erlebt«, hieß es dann meist.

Das ist natürlich blanker Unsinn. Ein Leben ohne Missgeschicke ist so unmöglich wie der Verzehr von Spaghetti Bolognese ohne Tomatenflecken auf dem Hemd. Und tatsächlich: Wenn man bei den Verweigerern nachbohrte oder ihnen beispielhafte Peinlich-Anekdoten erzählte, fiel den meisten doch noch die eine oder andere blamable Begebenheit ein. Nur rückten sie diese ähnlich ungern heraus wie ein Bankdirektor die Zahlenkombination seines Tresorraums. Warum?

Nun ja, weil es ihnen peinlich war. Über sich selbst lachen zu können, erfordert ein gewisses Maß an Selbstbewusstsein und die Fähigkeit zur Selbstironie. Und um die Beispiele persönlicher Schmach dann auch noch mit anderen zu teilen, braucht es ein bisschen Lässigkeit.

Dabei ist ausnahmslos *jeder* zuweilen peinlich – ganz unabhängig davon, ob er nun hyperintelligent oder strunzdumm, arbeitslos oder superreich, Normalo oder weltbekannt ist. *Shit happens to everyone.* US-Präsident George W. Bush senior übergab sich während eines Staatsbanketts in den Schoß seines Gastgebers, des japanischen Premierministers Kiichi Miyazawa. Und der Schauspielerin Jennifer Lawrence sahen Millionen Augenpaare zu, wie sie im vermutlich größten Moment ihrer Karriere der Länge nach hinschlug – auf dem Weg zur Bühne, auf der sie gerade ihre Oscar-Trophäe als beste Schauspielerin entgegennehmen sollte.

Etwas Ähnliches widerfuhr vor einigen Jahren der Entertainerin Gayle Tufts. Für ihre Revue im Hamburger Tivoli-Theater hatte man ihr eine hellerleuchtete, blinkende Showtreppe auf die Bühne gestellt, die jeder ZDF-Samstagabendshow zur Ehre gereicht hätte. Tufts, eine burschikose US-Amerikanerin, hatte für ihren Auftritt ein enganliegendes Pailettenkleid und Schuhe eines schwindelerregenden Zuschnitts gewählt, die getrost auch als Wolkenkratzer verkauft werden könnten. Auf diesen schritt sie, das Mikro in der Hand, singend die Showtreppe herunter. Es war ein wahrhaft großer, glamouröser Auftritt – oder besser: Es hätte ein solcher sein können, wäre Tufts nicht auf halber Strecke mit ihren Stilettos an einer Stufe hängengeblieben.

Tufts stolperte die letzten Stufen der Treppe hinunter, schlug der Länge nach hin und blieb, mit ausgestrecktem Arm und dem Gesicht Richtung Bühnenboden liegen. Die Musik erstarb, einen Schreckmoment lang hielt jeder im Saal die Luft an. Tufts, am Boden liegend, hielt immer noch das Mikrofon umklammert. Dann hob sie langsam ihren Kopf, führte das Mikro zum Mund und erklärte mit fester Stimme, noch immer am Boden liegend: »Glamour … never … stops.«

Souveräner kann man mit Peinlichkeit gar nicht umgehen. Und genau ein solch tosender Applaus, wie ihn Tufts an jenem Abend bekam, gebührt jedem, der sich nach den unvermeidlichen dämlichen Momenten des Lebens aufrappelt, lacht und einfach weitermacht.

Denn mit Peinlichkeiten ist es nicht anders als mit Beton: Kommt immer drauf an, was man draus macht.

Fallgeschichten 1:
Dumm gelaufen

Mahlzeit!

Ich betrat ein Werkzeug-Fachgeschäft und grüßte, wie es meine Art ist, ganz freundlich den Mitarbeiter gleich rechts hinter der Verkaufstheke. Etwas irritiert bemerkte ich, dass die beiden Verkäufer in der anderen Ecke des Ladens mich beobachteten und vor Lachen fast kollabierten. Mein Gegenüber hingegen zeigte keinerlei Regung. Kein Wunder: Es handelte sich um einen Werbe-Pappaufsteller der Marke »Handwerker mit Bohrmaschine«.

R.S. (m)

* * *

Gütertrennung

Eigentlich bin ich nicht so einer, aber Ferien sind ja wohl Ferien, dachte ich mir und kaufte an meinem letzten Tag in Amsterdam ein wenig Gras. Ich rauchte, hustete, lachte und fuhr am nächsten Tag wieder nach Hause.

Die Jahre vergingen, ich trennte mich von meiner langjährigen Freundin, wir teilten unseren Hausstand auf und gingen unserer Wege.

Die Geschichte hätte hier unspektakulär geendet, wenn ich nicht im folgenden Sommer einen Anruf meiner Exfreundin erhalten hätte. Sie habe gerade ihren Vater vom Polizeirevier abgeholt, der auf dem Weg zu einem Geschäftstermin am Flughafen mit Gras erwischt worden sei. Es handele sich dabei um 1,3 Gramm staubtrockenen Marihuanas, das wahrscheinlich seit Monaten im Dokumentenfach jenes Reiserucksackes gelagert habe, den wir einst gemeinsam gekauft hatten, der mich nach Amsterdam begleitet hatte und den ich ihr bei der Trennung großmütig überlassen hatte. Ihr Vater sei völlig aufgelöst. Und sie wieder einmal in ihrer Überzeugung bestätigt worden, mit der Trennung die absolut richtige Entscheidung getroffen zu haben.

J.M. (m)

* * *

Bombenstart in den Urlaub

Mit den beiden kleinen Kindern meines Freundes sollte es in den Urlaub gehen. Leider wurde unser Flug wegen eines Bombenverdachts annulliert, so dass wir auf einen Ersatzflug am nächsten Tag warten mussten. Er ging so früh, dass wir echte Probleme hatten, die Kinder aus dem Schlaf zu holen und rechtzeitig loszukommen. Am Check-in-Schalter erklärte man uns, dass wir uns sehr beeilen müssten, um den Flug noch zu erwischen, da der Flieger bereits abflugbereit warte.

Wir sprinteten zum Gate, hasteten ins vollbesetzte Flugzeug und quetschten uns mit reichlich Handgepäck in die letzte Reihe. Kaum saßen wir endlich, ging der Bordlautsprecher an und der Name meines Freundes wurde ausgerufen; er solle umgehend zum Ausgang kommen. Was nun? Die Kinder guckten beunruhigt und der Kleine krähte durch das ganze Flugzeug: »Dürfen wir jetzt schon wieder nicht mitfliegen wegen einer Bombe?« Alle drehten sich entsetzt um, und ich dachte nur: »Erde, tu dich auf!« Bisher waren sie ja nur genervt gewesen von dieser Familie, die für die Verspätung gesorgt hatte – aber jetzt sprach nackte Angst aus ihren Blicken ...

Mein Freund musste übrigens nur seinen Rasierapparat entschärfen, der sich im Koffer selbständig gemacht hatte.

A.W. (w)

✳ ✳ ✳

Mit Promi-Faktor

Hans-Dietrich Genscher

Der frühere Bundesaußenminister sollte in den achtziger Jahren einen Vortrag über die Europapolitik halten. Im Wiener Hilton warteten 600 geladene Gäste auf seinen Vortrag, den Genscher im Flugzeug noch einmal sorgfältig studiert hatte. An der einen Stelle, erinnerte er, hatte er sich schon bei der Vorbereitung gesagt: »Hier musst du wirklich aufpassen!« Dennoch unterlief ihm beim Vortrag genau jener Versprecher, den er eigentlich unter allen Umständen hatte vermeiden wollen. Genscher erklärte nämlich: »Wir sind die Vorhaut der Europäischen Einigung!«

Ausdrücken wollen hatte er natürlich, man sei die »Vorhut« der Europäischen Einigung. Genscher erinnert sich: »Nach einer Schrecksekunde redete ich weiter, allerdings mit belegter Stimme. Sonst war es eine überzeugende Rede.« Das Publikum sei so nett gewesen, ihn im Nachhinein nicht auf seinen lustigen Lapsus anzusprechen.

✳ ✳ ✳

Er ist es wirklich!

Ein heißer Tag im USA-Urlaub. Eine Freundin wartete in der langen Schlange vor einer Eisdiele, als ihr hinter ihr ein dunkelblonder älterer Typ ins Auge fiel, der tatsächlich wie der Schauspieler Robert Redford aussah. Verstohlen blickte sie sich noch einmal um: Es war Robert Redford! Keine fünf Meter von ihr entfernt!! Völliger Wahnsinn. Aufgeregt gab sie ihre Eisbestellung auf, stopfte ihr Portemonnaie zurück in ihre Handtasche und stolperte kopflos aus der Eisdiele.

Erst draußen fiel ihr auf, dass sie gar kein Eis in der Hand hielt. Hatte sie es etwa am Tresen vergessen? Als sie sich umdrehte, um ihr Eis zu holen, blickte Redford meiner Freundin bereits lächelnd entgegen. »Es ist da drin«, bemerkte er trocken und deutete auf ihre Tasche.

J.B. (w)

Interview-Fauxpas

Neulich musste ich eine Veranstaltung moderieren. Ich war gut vorbereitet, hatte alles zum Thema gelesen und eine lange Liste mit Fragen auf meinem Schoß liegen. Bereits auf meine erste Frage gab mein Interviewgast allerdings eine derart langatmige Antwort, dass ich irgendwann begann, mich anhand meiner Unterlagen bereits auf die nächste Frage vorzubereiten.

Als ich sie ihm dann stellte, bemerkte ich ein erstauntes Raunen im Publikum – und Entgeisterung im Gesicht meines Gesprächspartners. War meine Frage so brisant gewesen? Eigentlich war sie doch als Vorlage gedacht, damit er eine seiner bekannten Thesen darlegen konnte. Seine Antwort war allerdings ausgesprochen barsch und kurz. Sie lautete: »Aber das habe ich doch gerade eben erzählt!« Jetzt hatte mich der klassische Moderatoren-Fauxpas also auch erwischt: eine Frage stellen und sich dann nicht für die Antwort interessieren … Keine Ahnung, wie ich den Rest des Interviews überstanden habe – aber auf jeden Fall mit glühend heißen Ohren.

A.B. (m)

✳ ✳ ✳

Mit Promi-Faktor

Doris Dörrie

Auf der Bundesfilmpreisverleihung wurde die Regisseurin für ihren Film »Keiner liebt mich« mit dem Bundesfilmpreis in Silber ausgezeichnet. Einer der Gäste dieses Abends war ein älterer, großgewachsener weißhaariger Herr, der auf Dörrie zukam, ihr gratulierte, erklärte, ein Fan der Regisseurin zu sein, und sehr fachmännisch über den Film sprach. »Er sah aus wie ein Filmproduzent, aber ich bin einfach nicht darauf gekommen, wer er war«, erinnert Dörrie.

Welchen Film er denn gerade produziere, habe sie daraufhin ihren Gesprächspartner gefragt. Er habe ein bisschen gestutzt und dann gesagt: ‚«Ja, ich wäre auch ganz gerne Filmproduzent. Die Welt des Films würde mir gefallen.«

Später kam die Frau des vermeintlichen Filmproduzenten hinzu, und Doris Dörrie erkannte sie sofort. Es war Christiane Herzog, die Gattin von Roman Herzog. Doris Dörries Gesprächspartner war der damalige Bundespräsident. »Mir war das irrsinnig peinlich«, erinnerte sie sich im Buch »Peinlich! 100 Prominente gestehen«. »Wahrscheinlich hat er das längst vergessen. Ich glaube, er hat gedacht, ich hätte einen Witz gemacht.«

***

Größenunterschied

Ich war mit einer Freundin in einem Sexshop, um für einen Junggesellinnenabschied die passende Ausrüstung zu erstehen. Der Laden war recht groß, es spielte eine nette Melodie im Hintergrund, und wir stöberten ein bisschen, bis wir zu den »lebensechten« Dildos kamen. Ein Exemplar wirkte irritierend groß und schwer. Die Produktverpackung war an einer Kante aufgerissen, und da ich ein ausgesprochener Nasen-Mensch bin, hielt ich sie mir vor selbige und schnüffelte. In dem Moment ging die Musik im Shop aus, und über Lautsprecher kam die Durchsage: »Meine Damen, größer wird dat Ding dadurch nich mehr!«

N.B. (w)

✳ ✳ ✳

Bleibst du zum Abendessen?

Es war eine schöne, wilde, aber kurze Nacht mit einer Zufallsbekanntschaft, die ich am Abend in einer Kneipe kennengelernt und mit in meine Wohnung genommen hatte. Ich musste morgens früh raus, also schlich ich aus meinem Bett, hinterließ der Schönen einen Zettel mit liebevollem Gruß auf dem Küchentisch und machte mich leise vom Acker.

Am Abend, als ich die Treppe zu meiner Wohnung hinaufstieg, sah ich schon von weitem einen Zettel an meiner Wohnungstür kleben. Beim Näherkommen erkannte ich das Logo der Berliner Feuerwehr. Darauf stand, sie sei gerufen worden, um eine Frau aus meiner Wohnung im 3. Stock zu befreien. Verdammt! Offenbar hatte ich morgens beim Gehen, wie es meine Gewohnheit ist, im Halbschlaf die Tür hinter mir abgeschlossen.

Die gute Nachricht: Anstatt die Wohnungstür aufzubrechen, hatte die Feuerwehr meiner Bekanntschaft durch den Briefschlitz zugeredet, doch auf meine Rückkehr zu warten. Und das tat sie auch. Als ich sie »befreite« und mich zigmal für meine Schusseligkeit entschuldigte, war sie zwar stocksauer, aber am Ende haben wir gelacht.

Die schlechte Nachricht: Bevor die Feuerwehr eingetroffen war, hatte die Frau die Fenster geöffnet und lauthals um Hilfe gerufen. Noch Wochen später wurde ich von Nachbarn auf der Straße angesprochen, was ich denn um Himmels willen mit dieser leichtbekleideten Frau angestellt habe. Glück im Unglück also, dass nicht auch noch ein Zettel der Polizei an meiner Tür gehangen hatte ...

U.M. (m)

✳ ✳ ✳

Ungebunden

Geschäftstermin mit einem Architekten in der Londoner Innenstadt. Netterweise nahm mich mein Kollege nach unserem Gespräch mit in einen ehrwürdigen Club in der City of London, in den man erst nach Jahren und auf Basis einer Bürgschaft anderer Mitglieder Einlass bekam. Ein jahrhundertealtes Gemäuer, Ölgemälde an den Wänden, schwere Ledersessel, dazwischen Diener in Anzügen, die den Clubmitgliedern Tee, Whisky oder Zeitungen servierten. Ich wusste die einmalige Ehre, hier Zugang zu bekommen, wirklich zu schätzen.

Wir waren zum Lunch gekommen, daher wies man uns den Weg in den Dining Room, eine Art Nobelrestaurant innerhalb des Clubs. Kaum hatten wir Platz genommen, stand neben mir ein Kellner mit einem Tablett in der Hand. Darauf lagen allerdings weder die Menükarten noch ein »Gruß aus der Küche«, sondern Schlipse. Drei Krawatten mit unterschiedlichen Mustern, fächerartig aufgereiht. Ich blickte den Kellner fragend an. Er blickte mich an. Ungerührt.

Verdammt. Ich trug keine Krawatte. Ich hasse Krawatten. Ich habe noch nie im Leben eine getragen, geschweige denn eine gebunden. Aber in diesem Club, das wurde mir schlagartig klar, herrschte Krawattenzwang. Vermutlich seit Jahrhunderten.

Was also tun? Den Kellner fragen, ob er mir eines dieser lächerlichen Dinger umbinden konnte? Ausgeschlossen. Meinen Geschäftspartner bitten? Noch absurder.

Also entschloss ich mich, die Flucht nach vorne anzutreten. Ich wählte das gestreifte Modell, klappte den Kragen meines Hemds nach oben, schlang den Schlips um meinen Hals und knotete ihn mit einem einfachen Knoten vor der Brust zusammen. »Thank you very much«, beschied ich den Kellner, der mit Tablett und zwei verschiedenen Schlipsen kehrtmachte. Ich muss unsagbar lächerlich ausgesehen haben, aber natürlich verbot die britische Höflichkeit meinem Gastgeber, sich irgendetwas anmerken zu lassen. Der Kellner allerdings hat sich vermutlich ausgeschüttet vor Lachen.

O.S. (m)

✳ ✳ ✳

Einseitige Zuneigung

Ich war 18 Jahre jung, eine noch unerfahrene Schauspielerin und sollte meine erste große Rolle spielen. Mein älterer Kollege, der den jungen Liebhaber meiner Film-Mutter spielte, war schön und groß und hatte dunkle Locken. Laut Drehbuch sollte ich versuchen, ihn zu verführen, um die Mutter zu ärgern. Am Abend vor dem ersten Drehtag trafen wir uns im Restaurant des Hotels, in dem wir drehten, um unseren Text durchzugehen. Am Ende des Dialogs sollte er mir ein Küsschen auf die Wange geben. Und das tat er! Beim Durchsprechen des Textes! Am Wirtshaustisch! Er ging dann bald auf sein Zimmer.

Und ich? Ich war auf der Stelle verliebt! Ich schrieb ihm einen Zettel (»Ich habe mich in Dich verliebt«) und schob ihn unter seiner Türe durch. Dann ging ich zurück ins Restaurant, wo der Regisseur noch mit den anderen Kollegen zusammensaß. Man sah mir offenbar an, dass ich in Flammen stand. So beiläufig wie möglich flocht jemand die Information ins Gespräch ein, dass mein Schwarm Thomas schwul sei und sein Partner bereits in seinem Hotelzimmer gewartet habe. Ich verabschiedete mich hochrot und stammelnd ins Bett und schlief schlecht.

Am nächsten Morgen, beim Frühstück, nahm mich Thomas lieb – brüderlich? väterlich? – in den Arm und zwinkerte mir zu. Die Szene, die wir geübt hatten, wurde sehr schön. Trotzdem.

S.v.M. (w)

* * *

Kirschen in Nachbars Garten

Unser Weg zum Schwimmtraining führte in den 60er Jahren vorbei an üppigen Erdbeerfeldern, Kirsch-, Apfel-, Birnen- und Mirabellenbäumen. Ohne jedes Unrechtbewusstsein pflückten wir, je nach Jahreszeit, die Früchte in unsere Sportbeutel, um uns nach dem Training zu stärken. Eines Tages erwischte uns eine Gartenbesitzerin, als wir hoch oben in einem Baum saßen und ihre Kirschen pflückten. Flucht war unmöglich.

Doch statt die Polizei zu rufen oder unsere Eltern über unsere Missetat zu informieren, machte sie uns das sehr faire Angebot, ihr als Wiedergutmachung am nächsten Tag bei der Kirschenernte der Kirschbäume zu helfen, was wir dankbar versprachen. Tags darauf waren wir auch pünktlich zur Stelle. Die Frau stellte einige Körbe unter die Bäume, die sie nach ein paar Stunden gefüllt wieder abholen wollte.

Als sie dann zurückkam, war sie ob unseres Fleißes sichtlich erfreut. Großmütig wollte sie uns ihre Dankbarkeit zeigen und jedem von uns ein paar Pfund Kirschen mitgeben. Wir sollten unsere Beutel öffnen. Leider waren sie bereits randvoll mit Kirschen gefüllt … Ich habe nie mehr im Leben anderen auch nur das Geringste weggenommen.

C.P. (w)

✳ ✳ ✳

Mit Promi-Faktor

Barbara Schöneberger

»Mir ist nichts peinlich«, sagt die Moderatorin und Sängerin Barbara Schöneberger über sich selbst. »Ich vermute, das ist ein Satz, den man mir abnimmt.« Manchmal aber zucke sie doch zusammen. Ihr diesbezüglich schönstes Erlebnis habe sie zu Ostern in der Kirche gehabt. Denn zur Liturgie katholischer Ostergottesdienste gehöre es ja, dass alle Banknachbarn sich die Hand geben und ein »Friede sei mit Dir« murmeln. Schöneberger, die den Wortlaut nicht verstand und nicht ganz sattelfest in den Abläufen katholischer Gottesdienste war, reichte allen freudestrahlend die Hand mit den Worten »Angenehm, Schöneberger!«

✳ ✳ ✳

... aber unsere Liebe nicht

Mein peinlichster Moment war der Tag nach meiner ersten Übernachtung bei meinem Freund. Seine Eltern waren über Nacht weg, wir hatten sturmfreie Bude und genossen einen ebenso feuchtfröhlichen wie leidenschaftlichen Abend. Er endete auf dem Wohnzimmer-Couchtisch aus massivem Marmor, der, wie ich danach von meinem entsetzten Freund erfuhr, zwar 1000 Euro teuer, aber doch nicht so robust war, dass er uns beide hätte tragen konnte. Mitten im Sex brach er krachend in der Mitte durch.

Das Ausmaß des Schadens wurde uns erst am nächsten Morgen klar, als die Mutter meines Freundes bereits vor der Tür stand. Zeit für eine gute Ausrede blieb uns nicht, und so stammelten wir uns etwas zurecht, bis der Freund der Mutter genau das aussprach, was ohnehin alle dachten: »War der Sex denn wenigstens gut, bis der Tisch zusammenkrachte?«

E.B. (w)

* * *

Küsschen, Küsschen

Mein peinlichstes Erlebnis? Im Freibad habe ich meinen kleinen Bruder im Wasser umarmt und ihm ein Küsschen auf den Kopf gegeben. Leider war es gar nicht mein Bruder, sondern ein fremdes Kind. Den Blick, den mir der kleine Junge zuwarf, werde ich nie vergessen. Den Blick seiner Mutter auch nicht.

L.V. (w)

* * *

Man spricht Deutsh

Urlaub in Portugal. Wir waren mit Rucksack und altem Reiseführer unterwegs, in dem eine preiswerte Pension in einem Dorf angepriesen wurde. Die Vermieterin spreche, da ihre Tochter in Köln studiere, ein wenig Deutsch, hieß es dort.

Das klang für uns, die wir kaum Portugiesisch verstanden (geschweige denn: sprachen), sehr praktisch. Als wir ankamen, war eine Frau im Garten gerade mit dem Aufhängen der Wäsche beschäftigt. Wir sprachen sie auf Deutsch an und fragten nach einem Zimmer, worauf sie uns tatsächlich in stark akzentgefärbtem Deutsch antwortete, dass sie ein Zimmer frei hätten. Ich erklärte erfreut, wir hätten gelesen, dass sie etwas Deutsch spreche, da ja ihre Tochter in Köln studiere.

Ihre knappe Entgegnung lautete: »Ich *bin* die Tochter.« Ein Zimmer bekamen wir trotzdem.

M.G. (m)

✳ ✳ ✳

Hände hoch!

Dienstreise nach Bogotá in Kolumbien, in den 80ern. Da ich von meiner Gewohnheit, morgens zu joggen, auch in dieser von Kriminalität geplagten Stadt nicht lassen mochte, empfahlen mir meine Gastgeber allen Ernstes, eine Pistole mitzunehmen. Und prompt geschah es: Beim Joggen durch den Park hörte ich eines Morgens Schritte von hinten, spürte eine Berührung am Hinterteil, und dann zog ein Jogger recht zügig an mir vorbei. Ich fasste an meine Gesäßtasche: Portemonnaie weg! Kurz entschlossen zog ich die Waffe, sprintete hinter dem Mann her und hielt sie ihm unter die Nase. Erschrocken hob er die Hände und rückte dann das Portemonnaie heraus. Höchst erregt joggte ich nach Hause, schloss die Tür auf – und sah etwas auf der Kommode liegen: mein Portemonnaie. Ich hatte es gar nicht dabeigehabt – und den armen Mann im Park soeben aus Versehen schlicht ausgeraubt. Die Sache war mir zu peinlich, um ihm persönlich unter die Augen zu treten. Ich fand seine Adresse heraus, steckte das Portemonnaie verschämt in seinen Briefkasten – und wagte mich nie wieder in diesen Park.

L.D. (m)

✳ ✳ ✳

Mit Promi-Faktor

Michael Skibbe

Gleich doppeltes Pech hatte der ehemalige Fußball-Bundesligatrainer, als im Dezember 2006 in Düsseldorf sein schwarzer Mercedes-Geländewagen aufgebrochen wurde. Dabei wurden nicht nur ein Navigationsgerät sowie sechs Karten für die Europacup-Begegnung zwischen Bayer 04 Leverkusen und Besiktas Istanbul, sondern auch Skibbes Handy gestohlen. Auf dem aber waren, wie es die Staatsanwaltschaft später verschwurbelt ausdrückte, Aufnahmen »aus dem innersten Kernbereich der privaten Lebensführung« gespeichert.

Monate später meldete sich ein Erpresserpärchen bei Skibbe. Laut *Süddeutscher Zeitung* drohten die Erpresser, intime Fotos von Skibbe und seiner damaligen Freundin an die Boulevardpresse zu verkaufen, wenn er nicht 160.000 Euro zahle. Skibbe ging zum Schein auf den Deal ein, durch Telefonüberwachung kam die Polizei den Erpressern auf die Spur, die Fotos blieben unveröffentlicht.

✳ ✳ ✳

Voll in der Spur

Als Autor für eine große Illustrierte war ich zu einem Interview mit Professor Sch. verabredet, einer der angesehensten Koryphäen seines Fachs. Er wohnte in einer lindengesäumten Straße am Rande der Stadt. Es war Herbst, und auf dem Weg von meinem Wagen zu seinem Haus lief ich über laubbedeckte Fußwege. Dann klingelte ich.

Prof. Sch. bat mich freundlich herein, nahm mir meinen Mantel ab und wies mir den Weg durch den Flur ins Wohnzimmer, vor dessen großer Panoramascheibe zwei Sessel für uns standen. Ich erinnere mich noch an den gutgepflegten Garten, der durchs Fenster zu sehen war, und die hellbeigefarbene Auslegware des Wohnzimmers.

Kaum hatten wir uns gesetzt und ein paar freundliche Einstiegsworte gewechselt, stieg uns beiden ein ebenso ekliger wie unverkennbarer Geruch in die Nase. Wir blickten uns erst stirnrunzelnd an, dann dem unsagbar fauligen Gestank hinterher: Von der Haustür führte eine kackbraune Spur quer durch den Flur und über den hellbeigen Wohnzimmerteppich genau bis zu meinem Sessel. Ganz offensichtlich war ich auf dem Weg zu Prof. Sch. in einen Hundehaufen getreten. Mein Gastgeber runzelte die Stirn, blickte mich fassungslos an – und machte dann eine wegwerfende Handbewegung. Dazu murmelte er etwas im Sinne von »Oje, macht nichts. Aber das kann passieren.«

Peinlichkeit Nr. 1: Das folgende, eineinhalbstündige Gespräch führten wir unter höchster Anstrengung (und latentem Brechreiz) so, als wäre nichts geschehen. Peinlichkeit Nr. 2 war für mich die Vorstellung, dass Prof. Sch. nach unserer freundlich-höflichen Verabschiedung auf dem Boden herumgerutscht sein und die Kacke aus seinem hellen Teppich zu wischen versucht haben muss. Diese Vorstellung traumatisierte mich so, dass ich nicht einmal auf die eigentlich naheliegende Idee kam, ihm eine Kiste Champagner oder andere Geste der Entschuldigung zukommen zu lassen. Dazu trug vermutlich auch Peinlichkeit Nr. 3 bei: Unser Interview wurde nämlich nie gedruckt.

H.W. (m)

✳ ✳ ✳

War da noch was?

Es ist schon einige Jahre her, dass ich mit einem Kumpel und einer Freundin in den USA unterwegs war. In unserem umgebauten Reisewohnmobil tourten wir durch die Staaten, und da dies in der Zeit vor Anbruch des Handy-Zeitalters war, war es ein wunderbar ungestörter Urlaub.

Auf unserer Reise waren natürlich enorme Strecken zurückzulegen, bei denen wir uns am Steuer abwechselten, während einer von uns auf dem Beifahrersitz saß und der/die Dritte hinten ein Nickerchen hielt.

Nach einem Tankstopp tauschten wir wieder einmal: Ich ging ans Steuer, mein Kumpel machte den Beifahrer. Wir genossen die Stille und die Landschaft. Als wir aber nach gefühlten 100 Meilen immer noch keinen Mucks von unserer Freundin gehört hatten, kam uns das doch komisch vor. Nachdem sie auf unsere Rufe nicht reagierte, kletterte mein Kumpel nach hinten, um nach ihr zu schauen. Kurz darauf kam er entsetzt nach vorne gestürzt: Sie war nicht da. Vollbremsung und langes Grübeln. Da G. wohl kaum während der Fahrt ausgestiegen war, blieb eigentlich nur die Möglichkeit, dass sie gar nicht eingestiegen war. Wir wendeten und rasten mit Vollgas zurück zur Tanke. Runde drei Stunden, nachdem wir dort aufgebrochen waren, langten wir wieder an. Und da stand sie in der Dämmerung, stinksauer und genervt. Sie hatte, während wir aufgebrochen waren, einfach noch auf dem Klo gesessen. Den Rest des Tages herrschte überwiegend Stille im Wohnmobil. Aber genießen konnte man sie irgendwie nicht.

M.J. (m)

Wie erforscht man Peinlichkeit?

Frau Döring, Sie haben Ihre Doktorarbeit zum Thema Peinlichkeit verfasst und das Phänomen vier Jahre lang erforscht. Warum?

Weil Peinlichkeit die kommunikative Emotion schlechthin ist. Es gibt ja Gefühle wie beispielsweise Neid oder Eifersucht, die für Sozialwissenschaftler interessant sind, da sie sich stets auf das Verhalten anderer in einer sozialen Gruppe beziehen. Und es gibt kommunikative Phänomene, die Sprach- und Kommunikationswissenschaftler wie mich besonders interessieren: Das Peinlichkeitsgefühl entsteht und wirkt charakteristischerweise in kommunikativen Kontexten – der allbekannten peinlichen Situation. Auffällig ist außerdem die heutige Popularität des Peinlichen, die mit immer härteren Konventionsbrüchen einhergeht.

Was meinen Sie mit Konventionsbrüchen?

Das fängt bei Fernsehshows wie »Bauer sucht Frau« an, die sich Freunde gemeinsam angucken, um das Gefühl der Fremdscham zu genießen. Es geht über Formate wie »Deutschland sucht den Superstar«, wo bewusst unfähige Kandidaten vor die Kamera geschickt und quasi öffentlich degradiert werden. Und es endet beim »Dschungelcamp«, das Phänomene des

Fremdschämens mit einem wollüstigen Ekelgefühl verbindet. Eine ziemlich perfekte Kombination.

Wenn man all das sieht, könnte man meinen: Uns ist heute nichts mehr peinlich.
Genau. Diese kulturpessimistische Einstellung ist heute immer häufiger zu hören. Meine Forschungen haben mir aber gezeigt, dass das Gegenteil richtig ist.

Tatsächlich? Das müssen Sie erklären.
Wir leben in einer Gesellschaft, die extrem auf Selbstdarstellung und öffentliche Inszenierung bedacht und in der erfolgreiches Rollenmanagement enorm wichtig ist. Im Büroalltag beispielsweise geht es in sehr vielen Situationen schlichtweg darum, den »richtigen« Eindruck bei anderen zu hinterlassen – unabhängig von unseren tatsächlichen Fähigkeiten oder Leistungen. Niemand möchte die peinliche Kollegin sein, die in der Mittagspause allein am Kantinentisch sitzt. Unsere Schamgrenzen sind keineswegs gefallen. Sie haben sich nur verschoben.

Was auffällt: Der Begriff »peinlich« wird heute geradezu inflationär verwendet.
Stimmt. Früher war »peinlich« eine Vokabel, um unangenehme oder schmerzhafte Situationen zu kennzeichnen. »Pein« bedeutet ja ursprünglich sowohl »Schmerz« als auch »Strafe«. Im Mittelalter gab es das »hochnotpeinliche Verhör«, bei dem Mittel der Folter eingesetzt wurden. Aus dieser Vokabel ist ein

Adjektiv geworden, mit dem wir Dingen oder Personen eine Eigenschaft zuschreiben – nicht um unser Gefühl auszudrücken, sondern um andere abzuwerten. Da heißt es: »Diese Schuhe sind aber peinlich!«, oder: »Wie peinlich sind deine Eltern!« Für mich ist das ein Indiz dafür, dass wir in einer höchst peinlichkeitssensiblen Gesellschaft leben. Ein weiteres Anzeichen dafür ist die Hochkonjunktur der Fremdscham.

Haben wir uns früher nicht fremdgeschämt?
Durchaus. Peinlichkeitsgefühle, die das Verhalten von anderen in uns hervorrufen kann, sind vermutlich so alt wie die Menschheit selbst. Neu ist das gezielte Herbeiführen von Peinlichkeitssituationen in TV-Formaten. Indem wir anderen dabei zuschauen, wie sie öffentlich etwas anerkannt Peinliches tun, entlasten wir uns selbst von unserer permanenten Angst, uns zu blamieren. Noch einmal verstärkt wird dieser Effekt, wenn wir uns gemeinsam mit Freunden die neueste Staffel »Dschungelcamp« anschauen: Indem wir mit wohligem Schauer auf Andere zeigen und uns schadenfroh über sie erheben, deuten wir gleichzeitig von uns selbst weg – und schon sind wir die Richter und nicht die Gerichteten.

Für peinliche Gefühle braucht es also immer den anderen.
Richtig. Deshalb ist Peinlichkeit von ihrer Entstehung bis zu ihrer Wirkungsweise ja auch für uns

Kommunikationswissenschaftler so interessant. Ein Einsiedler oder ein Schiffbrüchiger auf einer einsamen Insel muss sich nicht mit diesem Gefühl herumschlagen. Wer allein lebt, kann sich fürchten, verzweifelt oder traurig sein, aber Peinlichkeit spielt in seinem Leben höchstens in der Erinnerung an vergangene Situationen eine Rolle. Peinlichkeit entsteht, wenn wir glauben, nicht jenen Erwartungen zu entsprechen, von denen wir annehmen, dass andere sie an uns stellen. Was jemandem peinlich ist, hängt also immer von seiner sozialen Umgebung ab, die ihn beobachtet und (vermeintlich oder tatsächlich) Normen für sein Verhalten setzt. Es sind immer kulturelle Regeln und Standards, die darüber entscheiden, ob uns etwas unangenehm ist.

Moment, es gibt doch Dinge, die jedem Menschen peinlich sind: zum Beispiel, nackt in der Öffentlichkeit zu stehen.

Wirklich? Fragen Sie mal überzeugte Nudisten, die sehen das ganz anders. Und in manchen Regionen der Südsee gilt traditionell nicht öffentliche Nacktheit, sondern das Unterwegssein ohne Penishülle als unschicklich. Umgekehrt ist es in manchen Kulturen schon peinlich, wenn die Burka ein Stück verrutscht.

Mit unserem Peinlichkeitsempfinden ist es wie mit Schneeflocken: Von der Struktur her sind alle gleich, aber zugleich ist jede von ihnen einzigartig. Und übrigens ist es auch eine Frage des Alters. Kleinkindern ist noch nichts peinlich. Deswegen sprechen sie, ähnlich wie Betrunkene, häufig sprichwörtlich die ungeschminkte Wahrheit aus.

Weshalb braucht es für Peinlichkeitsempfinden eine gewisse Reife?
Um peinlich berührt zu sein, muss man sich in andere hineinversetzen können und überlegen, wie das eigene Verhalten wohl aus der Perspektive anderer erscheinen mag. Kleine Kinder können das in ihrer egozentrischen Perspektive noch nicht.

Später ändert sich das radikal. Als Jugendlicher ist einem fast alles peinlich. Wieso eigentlich?
Heranwachsende müssen, wie der Begriff bereits sagt, beständig in neue Rollen hineinwachsen und sich in ihnen selbst erst einmal zurechtfinden. Ihr öffentliches Selbst ist noch nicht so gefestigt wie bei Erwachsenen und daher auch viel schneller aus dem Gleichgewicht zu bringen. In dieser Zeit passieren viele wichtige Dinge zum ersten Mal und werden entsprechend unsicher ausgeführt. Die gleichzeitige hohe öffentliche Selbstaufmerksamkeit (»Was denken die anderen von mir? Wie cool wirke ich? Kann ich meinen Schwarm damit beeindrucken?«) führt quasi automatisch dazu, dass man sehr sensibel und unsicher hinsichtlich seiner Selbstdarstellung vor anderen ist. Hinzu kommt das kritische Beäugen durch Gleichaltrige, die entsprechende Handlungen kritisch verfolgen und gern mit Spott und Ähnlichem quittieren.

… was erklärt, warum viele ihre Pubertät als Horror-Lebensalter in Erinnerung haben.

Es gibt da einen schönen Satz von Batarilo mit Blick auf unsere – in der Jugend so verbreiteten – Lebensabschnittsanfänge und Neuanfänge: »Jeder Anfang wackelt und sitzt schlecht. Man muss seine Anfänge einlaufen wie ein Paar neue Schuhe. Doch die Scham über die anfängliche Ungeschicktheit hört spätestens auf, wenn die Schuhe sitzen.«

Zum Erwachsensein gehören später für viele auch das Heiraten und davor ein zünftiger Junggesellenabschied. Mehrere davon haben Sie im Rahmen Ihrer Forschungsarbeit mit der Kamera begleitet. Warum?

Weil Junggesellenabschiede oft Rituale der bewussten Peinlichkeit sind. Platt gesagt: Man macht sich öffentlich zum Affen, um mit der neuen Situation klarzukommen. Denn der Übergang vom Single zum Verheirateten führt zu einer neuen Rolle und mitunter auch einem neuen Selbstbild. An der Schwelle solcher Übergänge ist unser Selbst besonders verletzlich, wird häufig karikiert und im Schutz der Gruppe, mit der man umherzieht, auf die Schippe genommen. Genauso ist es übrigens bei runden Geburtstagen, wo lustige Reden, Scherzgeschenke und andere Frotzeleien mit dem »Geburtstagskind« zum Standardrepertoire gehören.

Diese bewusste Inszenierung des Peinlichen bei Ritualen wollte ich aus der Nähe beobachten und habe daher Junggesellenabschiede gesucht, die ich dokumentieren darf – mit all ihren Spielchen, Kostümen, peinlichen Prüfungen, »Jetzt ist Schluss mit lustig«- T-Shirts, den Schnaps- und Kondomverkäufen an Fremde. Ich konnte quasi beobachten, wie das Selbst spielerisch aus dem Gleichgewicht und ins Schaukeln gebracht wurde.

Haben Sie selbst mit einem zünftigen Junggesellinnenabend Abschied vom Singledasein genommen?
Ja, nur da ich schwanger war, fiel dieser automatisch etwas »gediegener« aus. Dennoch gab es Überraschungen wie ein lustiges, selbstausgedachtes Spiel, das mich auf die Schippe nahm, und als besonderes Accessoire einen Blumenkranz für mein Haar. Bei der Feier standen allerdings Dinge wie Sightseeing, Essengehen und das gemeinsame Schwelgen in alten Zeiten im Vordergrund – es gab keine Peinlichkeitsprüfungen, Bauchladenverkäufe oder Ähnliches. Und das war auch ganz gut so …

Die Kommunikationswissenschaftlerin **Julia Döring** hat an der Universität Duisburg-Essen zum Thema »Peinlichkeit: Formen und Funktionen eines kommunikativ konstruierten Phänomens« promoviert. Ihr selbst ist es peinlich, wenn sie an der Ladenkasse merkt, dass sie nicht genug Geld dabei oder ihr Portemonnaie zu Hause vergessen hat.

Fallgeschichten 2:
Schadenfreude

Wer zuletzt lacht, lacht am besten

Mittags auf der Reeperbahn. Ich spaziere auf der Straßenseite des Operettenhauses in Richtung Nobistor und entdecke einen fetten BMW, der vor der Einfahrt zur Tiefgarage im Halteverbot steht. Die Polizei ist bereits vor Ort, gerade trifft der gelbe Wagen des Abschleppservices ein, auch der Autobesitzer ist anscheinend da, jedenfalls diskutiert ein dickleibiger Mittzwanziger erregt mit den Beamten und deutet abwechselnd Richtung Auto, Halteverbotsschild und Abschleppwagen. So wie's aussieht, lassen sich die Beamten aber nicht erweichen: Der Wagen kommt weg. Aus eigener Erfahrung weiß ich: Das wird teuer. Richtig teuer.

Mit einer Mischung aus Neugier, Amüsement und ein bisschen Schadenfreude beobachte ich die Szenerie. Am liebsten wäre ich stehen geblieben, aber Gaffen ist natürlich peinlich, und außerdem habe ich einen Termin im Schmidt-Theater. Also marschiere ich weiter geradeaus, wende die Augen aber keine Sekunde vom Drama auf der anderen Straßenseite. Und übersehe so völlig, dass auf dem Fußweg auf meiner Straßenseite ebenfalls ein Halteverbotsschild steht. Eines, gegen das ich ungebremst mit dem Kopf und mit einem lauten

DONGGGG! zimmere. Klarer Fall von Live-Slap-stick. Das DONGGG!-Geräusch ist so laut, dass Polizisten, Abschlepper und Autobesitzer sofort zu mir rüberblicken, kapieren, was passiert ist, und sich vor Lachen kaum noch halten können.

An der Seite meines Schädels wuchs danach eine veritable Beule. Aber viel schmerzhafter war die Scham, mich so dämlich verhalten zu haben.

H.W. (m)

***

Eine Lehre fürs Leben

Wenn Patienten entlassen werden, hinterlassen manche von ihnen uns Krankenschwestern ein kleines Dankeschön. Manchmal ist es Sekt, mitunter ein Zehner für die Kaffeekasse, am häufigsten aber sind es Kaffee und Pralinen. Mit Kaffee füllen wir die Bestände des Schwesternzimmers auf, über Pralinen ärgerten wir uns lange Zeit eher. Denn wir wussten, dass wir nicht viel davon haben würden. Wegen Dr. M.

Der Oberarzt unserer Station war der klassische »Halbgott in Weiß«. Der schwebenden Eleganz zufolge, mit der Dr. M. durch die Station tänzelte und nach rechts und links »geistreiche« Bemerkungen und Ratschläge verteilte, hielt er sich für ebenso genial wie unwiderstehlich. Dass zumindest wir Schwestern die Augen rollten, sobald er eine von uns mit einer vermeintlich charmanten Bemerkung bedacht hatte, sah er nicht. Es war offensichtlich, dass er die Station und ihr Personal in peinlicher Weise als sein Eigentum betrachtete. Und das galt natürlich auch für die geöffneten Pralinenschachteln, in die er, sobald er bei der Visite eine erblickte, hineingriff wie ein Fuchs in ein gutgefülltes Nest Hühnereier.

Uns Schwestern ärgerten diese Beutezüge maßlos. Wir hatten ja die Arbeit, für die die Pralinen unser Dank waren. Aber was sollten wir tun? Er war schließlich der Oberarzt.

Eines Tages aber, als wir wieder einmal eine Packung Pralinen geschenkt bekamen, hatte eine von uns die rettende Idee, wie wir uns an Dr. M. rächen konnten. Wir wählten ein starkes Abführmittel, das üblicherweise für Patienten mit Verstopfungsproblemen gedacht war, zogen es auf eine Spritze, nahmen die Pralinen vorsichtig aus der Packung und injizierten das Abführmittel in die Unterseite jeder einzelnen Praline. Dann legten wir die präparierte Packung geöffnet als unübersehbaren Köder auf den Tisch des Schwesternzimmers. Und warteten.

Wenig später war Dienstbeginn für Dr. M. Wie üblich, begann er seinen Arbeitstag mit »flirtenden« Bemerkungen und pseudoklugen Ratschlägen. Zu Beginn unserer Dienstbesprechung registrierte er dann mit erfreut-gierigem Blick die prallgefüllte Pralinenpackung auf unserem Tisch. Wie zu erwarten, erlebte kaum eine Praline das Ende der Dienstbesprechung, sondern verschwand im weit geöffneten Rachen von Dr. M., der uns mit vollem Mund und genüsslich kauend erklärte, was heute auf unserem Programm stehe.

Dieses Programm wurde später allerdings geringfügig modifiziert, genauer: Es fand ohne Dr. M. statt. Meine Kollegin, die an diesem Tag zur gemeinsamen Visite eingeteilt war, berichtete, dass Dr. M. während des Stationsrundgangs plötzlich die Stirn gerunzelt und ein hastiges »Entschuldigensemichmal« gemurmelt habe, bevor er eilig auf dem Herren-WC verschwand. Von dort rief er später per Handy bei uns im Schwesternzimmer an und erklärte mit gedrückter Stimme, es gehe ihm nicht gut. Ich hoffe, er hat nicht das unterdrückte Prusten meiner Kolleginnen im Hintergrund gehört.

Seither freuen wir uns über Pralinengeschenke von Patienten. Und bieten Dr. M. stets höflich welche an. Aber er lehnt sie seither mit einem angestrengten Lächeln konsequent ab.

A.S. (w)

* * *

Logistiker

Unser Vertriebschef sieht sich gerne als Tausendsassa, der mit jedem Problem fertigwird – vor allem natürlich, wenn es um Logistik geht. Als der isländische Vulkan Eyjafjallajökull 2010 den Flugverkehr in Europa lahmlegte, war er gerade in Paris und wollte zu einem kurzen Termin nach München fliegen, um von dort dann zu einer wichtigen Konferenz zurück in die Firma nach Hamburg zu jetten. Was nun? Als Schnellmerker war er nach der Absage des Flugs einer der Ersten am Schalter einer internationalen Mietwagenfirma – und erwischte tatsächlich eines der letzten Autos.

Damit kachelte er nach München, von wo ihm seine Sekretärin schon einen Platz im ICE nach Hamburg reserviert hatte. Als er den Mietwagen in München abgeben wollte, wies man ihn allerdings auf das Kleingedruckte hin: Das Auto musste auf französischem Boden zurückgegeben werden. Von München nach Straßburg sind es gut 400 Kilometer – und von Straßburg nach Hamburg zu kommen, wenn ganz Europa die Züge stürmt, ist auch nicht einfach. Die Konferenz fand dann ohne den Chef statt – und, als sich herumsprach, warum er fehlte, in ungewohnt aufgeräumter Stimmung.

L.G. (m)

* * *

So neu – und schon kaputt

Mein brandneuer Wagen war glänzend sauber, silber metallic und mit Abstand das teuerste Auto, das ich jemals besessen habe. Ich war stolz und ganz aufgeregt. Ich hatte extra früher Schluss gemacht, um mein Kind wie versprochen im neuen Auto vom Kindergarten abzuholen und zur Eisdiele zu fahren. Aber nachdem ich dort eingeparkt hatte, bekam ich den Schlüssel nicht raus. Ich blieb erst mal ganz ruhig. Ok, wir machen das noch mal. Hä? Das Auto geht auch nicht mehr an! Was ist das denn? Elektrischer Totalausfall? Von meinen alten Schlurren kannte ich das – wenn auf einmal gar nichts mehr geht, ist es meist etwas Elektrisches. Nur konnte ich ja jetzt schlecht dieses Auto mit steckendem Zündschlüssel stehen lassen. Sogar die Fenster ließen sich nicht mehr schließen. Während ich auf alle mögliche Knöpfe drückte, wurde mein Kind langsam quengelig. Und ich zusehends nervös.

Schließlich gab ich auf und rief den ADAC an. Ich war zwar kein Mitglied, aber es war sonst einfach keine Rettung in Sicht. »Jaaaa, so zwei, drei Stunden kann das dauern, heute ist viel los«, sagte der Mann am Ende der Leitung, »und Sie stehen ja nicht auf der Autobahn.«

Inzwischen waren Gäste des Eiscafés auf uns aufmerksam geworden. Viele feixten über den stolzen Besitzer eines teuren Autos, der nicht damit klarkam – aber einige versorgten netterweise das Kind mit Keksen und mich mit Cola, schließlich war es ein heißer Sommertag. Ich mag zwar überhaupt keine Cola, war aber so gerührt, dass ich nichts gesagt habe. Und dann haben wir gewartet. Nachbarn kamen vorbei, Bekannte und Kollegen. Alle zeigten sehr viel Mitleid. Ich hatte mittlerweile etwa 50 Leuten erklärt, was los war, und konnte mein eigenes Gesabbel nicht mehr hören.

Schließlich tauchte am Ende der Straße endlich der gelbe Wagen des ADAC auf. Der Mechaniker hörte sich meinen sehr flüssig vorgetragenen Satz über den Schlüssel an, nickte knapp und setzte sich auf den Fahrersitz. Als er den Schalthebel von D auf P schob, umspielte ein Lächeln seinen Mund, von dem ich glaube, dass es neben Müdigkeit (er hatte einen langen Tag gehabt), Resignation und Belustigung auch ein bisschen Bosheit enthielt. Denn damit war das Problem gelöst. Automatikwagen springen nur an, wenn ihr Schalthebel auf P steht. Damit er nicht gleich losfährt, wenn man ihn anmacht. Damit man ihn auch immer auf P stellt, wenn man parkt, kann man den Schlüssel sonst gar nicht rausziehen. Zur Sicherheit.

Ich schwöre, das hatte mir keiner gesagt. Der ADAC-Mann stieg aus, drückte mir lächelnd den Schlüssel in die Hand und machte sich auf den Weg. Immerhin musste ich nichts bezahlen.

»Was waaaaaar es denn?«, haben mich gefühlte fünf Dutzend Leute in den nächsten Tagen gefragt. Ich fürchte, meine Antwort fiel etwas unfreundlich aus. »Was Elektrisches«, habe ich knapp geantwortet. Und vor dem Eiscafé habe ich erst mal ganz lange nicht mehr geparkt.

A.B. (w)

* * *

Cute german girls

Als Nachwuchsreporterin in der Sportredaktion des *Berliner Volksblatts* schlug Anfang der 90er Jahre meine vermeintlich große Stunde. Damals sollte American Football in Deutschland populär gemacht werden. Mit sogenannten »American Bowls« wurde in Berlin Werbung für den Spielbetrieb der späteren »NFL Europe« gemacht. Als gebürtige Amerikanerin, die fließend Englisch spricht, war ich die Einzige in der Redaktion, die Ahnung von den Regeln dieses für die meisten Europäer bis heute sehr mysteriösen Spiels hatte und als Interviewerin in Frage kam. Daher wurde ich losgeschickt, um das Promo-Spiel der Los Angeles Rams gegen die Kansas City Chiefs im Olympiastadion zu beobachten und anschließend mit dem absoluten Megastar des Teams, dem Quarterback Tom Brady, ein Interview zu führen.

An den Ausgang des Spiels erinnere ich mich nicht mehr, ganz im Gegensatz zu meinem denkwürdigen »Interview« danach. Eine große Traube von Reportern aller Genres wartete auf »Touchdown Tom« oder »Tom Terrific«, wie Brady von seinen Bewunderern auch genannt wurde. Endlich ging die Tür des Kabinengangs auf, der verschwitzte Zweimeter-Hüne stolzierte mit einem strahlenden Zahnpasta-Lächeln heraus und ... direkt auf mich zu! Brady raunte ein »German girls are cute« in mein Ohr, nahm mir meinen Stift aus der Hand und kritzelte ein Autogramm auf meinen Notizblock, während ich wie paralysiert zusah. Stille im Saal, anschließend hysterisches Gelächter der ausschließlich männlichen Kollegen ... und ich mit knallroter Birne, sprachlos und völlig verstört mittendrin.

Ich wäre am liebsten weggelaufen, habe aber meinen Job zu Ende gebracht, das heißt: zugehört, was die anderen Brady so fragten. Eigene Fragen habe ich allerdings nicht mehr rausgekriegt. Dafür war noch Monate später bei anderen Sportveranstaltungen immer gerne ein Kollege bereit, mich zu fragen, wie es denn dem Tom so gehe ...

G.W. (w)

∗ ∗ ∗

Bitte aussteigen!

Im ICE, ein paar Reihen vor mir: ein reisendes Renter-ehepaar der unangenehmsten Art. Bemängeln lautstark dieses und jenes, als wären sie in der First Class von *Emirates* und nicht in der 2. Klasse der Deutschen Bahn unterwegs. Kommandieren den Schaffner herum. Es sei zu kalt, die Lüftung zu stark, der Service lau. »Unmöglich, mit der Bahn zu reisen!«, bellt der ältere Herr, während seine Gattin ihn mosernd unterstützt.

Der Schaffner reagiert ausgesprochen souverän, verspricht, sich um alles zu kümmern. Auch als er ein paar Haltestellen später durch den Waggon geht, um die Karten zu kontrollieren, behandelt er das Ehepaar so höflich wie alle anderen. Das ändert sich allerdings schlagartig, als er einen Blick auf das Ticket geworfen hat. Mit nur leicht verstecktem Lächeln und leicht angehobener Stimmlage – so, dass es jeder im Abteil hören kann – erklärt er: »Aber das ist ja gar kein ICE-, sondern ein Nahverkehrsticket! Mit dem können Sie in diesem Zug gar nicht fahren. Und bei unserem nächsten Halt steigen Sie bitte aus. Schönen Tag noch!«

O.S. (m)

* * *

Stopover

Einer unserer neuen Kunden hat seinen Hauptsitz in Luxemburg, also war ich eines Tages dran, mich und unser Unternehmen der dortigen Geschäftsleitung vorzustellen. Normalerweise nehme ich für Geschäftstermine die Bahn, weil ich beim Bahnfahren ungestört von Sicherheitskontrollen, Boarding-Aufrufen und Sitznachbarn arbeiten kann, aber Luxemburg ist von Hamburg aus derart ungünstig per Bahn zu erreichen, dass meine Assistentin mir einen Flug gebucht hatte.

Morgens um 9:00 Uhr ging es mit einer Propeller-maschine der *LUXAIR* von Hamburg-Fuhlsbüttel aus los. Eine gute Stunde später, die ich konzentriert arbei-tend an Bord verbracht hatte, ging es schon wieder ab-wärts. Wenig später kam die Maschine auf dem Rollfeld zum Stehen. Wir wurden gebeten, noch eine Weile sit-zen zu bleiben, bis unser Handgepäck ausgeladen wor-den und der Bus angekommen sei. Dann stiegen wir aus, ich griff meinen Weekender vom Handgepäckkar-ren, stieg in den Bus und wartete. Und wartete.

Denn der Bus, der uns zum kleinen Terminal brin-gen sollte, fuhr einfach nicht los. Nachdem wir einige Minuten gestanden hatten, kletterte eine Stewardess aus der Maschine, kam zum Bus und rief durch die geöffnete Tür: »Sind Sie alle sicher, dass Sie hier richtig sind? Wir suchen einen Passagier, der versehentlich ausgestiegen ist!« Ich verstand die Frage nicht. Was hieß denn »versehentlich ausgestiegen«? Wo sollte man denn sonst aussteigen? Etwa in der Luft? Im Bus machte sich Unruhe breit – es waren alle sichtlich genervt, dass es hier nicht weiterging.

Ein neben mir wartender Passagier, der meine Un-ruhe bemerkte, sagte leise zu mir: »Wir sind hier in Saarbrücken!« Als ich ihn erschrocken anblickte, lächelte er und erklärte, dass die *LUXAIR* immer erst Saarbrücken ansteuere, um dann nach einem kurzen Stopover die 15 Minuten nach Luxemburg weiterzufliegen. »Danke«, stotterte ich, griff meine Tasche und bahnte mir mit hochrotem Kopf meinen Weg durch das Gelächter im Bus und zurück zur Maschine. Oben an der Gangway empfing mich freundlich die Stewardess und wies mir den Weg zurück an meinem Platz. Die Passagiere, die noch an Bord waren (dass nicht alle ausgestiegen waren, hatte ich gar nicht bemerkt), blickten mich einigermaßen feindselig an – vor allem aber voller Schadenfreude über meine glühend roten Ohren.

H.L. (m)

✳ ✳ ✳

Ich bin drin

Ich war Anfang zwanzig und Single. Facebook, Tinder und Co. gab es ja damals noch nicht, aber bei AOL konnte man sich als »Single des Tages« bewerben, um dann in einem Profil online vorgestellt zu werden. Ohne mich länger damit zu beschäftigen, dachte ich: »Warum nicht? Könnte ja vielleicht ganz witzig sein«, füllte schnell das kurze Online-Formular aus und schickte die geforderten Bilder mit.

Ich hatte die ganze Aktion längst wieder vergessen, als mich ein paar Wochen später morgens die SMS meiner Mutter weckte: »Hallo Julia, warum bist Du auf der AOL-Startseite als Single des Tages? LG, Mama« Verstört schmiss ich den PC an und … tatsächlich: Mit großen Bildern und einem von der Redaktion schrecklich zusammengeschusterten Profil warb ich dort mit »verträumtem Blick« um einsame Männerherzen. Meine Mails mit der inständigen Bitte, mich doch bitte so schnell wie möglich wieder da runterzunehmen und durch jemand anderen zu ersetzen, blieben folgenlos. Eine volle Woche konnten mich geifernde Freundinnen und Kolleginnen im Internet als »Single des Tages« begutachten. Gemeldet haben sich übrigens – natürlich! – hauptsächlich Männer mit Glatze und jenseits der vierzig…

J.D. (w)

Wofür schämen wir uns eigentlich?

»Schäm dich!« Als Kind hat diese Zurechtweisung wohl jeder zu hören bekommen. Aber wofür eigentlich? Dreikäsehochs können noch gar nicht wissen, wofür sie sich schämen sollen, weil das Gefühl der Scham eines ist, das ihnen erst beigebracht werden muss. Um peinlich berührt zu sein, muss man sich erst einmal mit den Augen anderer sehen können. Und diese Außensicht erlernen Kinder erst mit 18 bis 24 Monaten durch die nervigen Ermahnungen ihrer Eltern oder die Beobachtung anderer. Scham zählt zu den sogenannten komplexen oder selbstbewussten Emotionen, und für sie braucht es eine Art soziales Reifen. Mit anderen Worten: Erst wer sich schämen kann, ist wirklich gesellschaftsfähig.

Aber auch bei Erwachsenen ist die Sache mit der Scham keineswegs so klar, wie man annehmen könnte.

Die Frage, was peinlich ist und was nicht, wird in jeder Kultur, jedem Zeitalter und jeder Region unterschiedlich beantwortet. Während sich Gefühle wie Schmerz oder Wut bei nahezu jedem Menschen zuverlässig – beispielsweise unter Zuhilfenahme einer Stecknadel oder eines Hammers – erzeugen lassen, gibt es für peinliche Gefühle keinen Universalauslöser. Frauen schämen sich im Schnitt öfter als Männer, ältere Menschen in der Regel seltener als jüngere.

Noch komplexer wird es, wenn man sich in der Welt

umschaut. Chinesen ist öffentliches Naseschneuzen unangenehm, Japanerinnen die mitunter unvermeidlichen Geräusche auf dem Klo, weshalb viele von ihnen beim WC-Gang fortwährend die Spülung betätigen. In manchen Kulturen ist es unhöflich, als Gast seinen Teller nicht leer zu essen, andernorts gilt das genaue Gegenteil als Affront. Nordeuropäer werden rot, wenn sie ein Preisschild auf einem Präsent nicht entfernt haben, was in Asien wiederum Usus ist, weil man ja schließlich zeigen will, was man für den anderen investiert hat. Tuareg-Männern schämen sich für ein Unterwegssein ohne Gesichtsschleier, Yanomami-Frauen, wenn man sie ohne ihr einziges traditionelles Kleidungsstück erwischt. Das besteht zwar nur aus einer einzigen dünnen Schnur, die sie um die Leibesmitte tragen – aber ohne sie fühlt frau sich nackt.

Verschieden auch die Bezeichnungen für glühende Osram-Birnen: Wer rot anläuft, muss sich je nach Sprache und Region als Tomate, Kupferplatte oder Paprika verspotten lassen. Klar ist nur: Rot werden alle, wenn man sie bei Dingen erwischt, die bei ihnen als unschicklich gelten. Grundregel Nummer 1: Peinlich ist immer, was die anderen als peinlich definieren. Das Lachen der anderen in peinlichen Situationen beschreibt der französische Philosoph Henri Bergson als »die Rache der Gesellschaft« für unser Fehlverhalten

Grundregel Nummer 2: Peinlichkeit und Scham sind zwar verwandte, aber grundverschiedene Emotionen. »Scham empfindet, wer gegen seine Ansprüche und Normen verstößt«, erklärt die Stuttgarter Kommunikationsforscherin Julia Döring, die das Phänomen Peinlichkeit jahrelang erforscht hat. »Schämen kann man sich daher auch für Dinge, die niemand erfährt.« Peinlichkeit hingegen, die kleine Schwester der Scham, tritt auf, wenn unser öffentliches Bild bedroht ist. Während man sich für eine denunzierende E-Mail also auch einsam vorm Bildschirm schämen kann, kommt Peinlichkeit erst dann ins Spiel, wenn der Empfänger sie veröffentlicht hat und alle erfahren, was für eine falsche Schlange man ist.

»Bei der Scham werden Normen verletzt, mit denen das ›Ich‹ sich bis ins Letzte identifiziert, bei der Peinlichkeit bloß Anstandsregeln, denen sich das ›Selbst‹ wohl oder übel unterordnet«, schreibt der Medienforscher Michael Hallemann. »Deshalb ist auch die Öffentlichkeitskomponente bei der Peinlichkeit viel stärker als bei der Scham: Wer sich schämt, fühlt sich als schlechter Mensch, er ist deprimiert und niedergeschlagen.« Peinlich berührt fühle man sich lächerlich, entblößt, zur Schau gestellt und vereinzelt.

Glaubt man Fachleuten, dann werden wir heute immer häufiger von dieser Angst geplagt. »Wir sind heute wie nie zuvor auf Selbstdarstellung und perfekte Inszenierung bedacht«, meint Kommunikationswissenschaftlerin Döring. Im Büro beispielsweise gehe es natürlich auch darum, gute Arbeit zu leisten – vor allem aber sorgten wir uns darum, keine Fehler und bei den Kollegen den richtigen Eindruck zu machen. Noch einmal mehr gilt das in sozialen Netzwerken, dank derer wir uns heutzutage sehr viel schneller, sehr intensiver und vor sehr viel mehr Menschen zum Vollhorst machen können als je zuvor in der Geschichte der

Menschheit. Bei Lichte betrachtet, sind Snapchat, Facebook & Co nichts anderes als eine »Dauerweihnachtsfeier, auf der 24 Stunden am Tag und 365 Tage im Jahr Dauerblamagepotential besteht« (Financial Times Deutschland). Kein Wunder, dass unsere Gesellschaft – wie Döring meint – »extrem peinlichkeitssensibel« ist.

Ein Indiz für diese Tatsache ist der Siegeszug des Phänomens Fremdscham. Eigentlich bezeichnet der Begriff ein sehr soziales Phänomen, nämlich das Mitgefühl mit anderen, die gerade ihr Gesicht verlieren. Wenn ein Kollege bei einer wichtigen Präsentation ins Stottern gerät oder der Vater halbnackt durch die Hotellobby rennen muss, weil er sich aus seinem Hotelzimmer ausgeschlossen hat, empfindet man Fremdscham. Neurobiologen haben nachgewiesen, dass dabei dieselben Hirnregionen angesprochen werden, die auch aktiv werden, wenn wir Mitleid angesichts körperlicher Leiden anderer empfinden. Und je näher uns die Person steht, umso größer ist unser Schamgefühl.

Etwas ganz anderes ist es, wenn wir andere dazu verleiten, sich auf einer Bühne überhaupt erst zum Horst zu machen. Wenn also arme Würstchen, die weder singen noch tanzen können, sich von einer Jury öffentlich abkanzeln lassen, oder einsame Landwirte sich per TV eine Partnerin suchen, wobei unklar ist, was peinlicher ist – der Bauer, die Frau oder ihre inszenierte Plastik-Romantik. Dennoch schauen bis zu fünf Millionen Deutsche bei »Deutschland sucht den Superstar«, »Bauer sucht Frau« oder »Dschungelcamp« dabei zu, wie andere vor der Kamera in sorgsam vorbereitete Peinlichkeitsfallen tappen. Freundeskreise treffen sich zum gemeinsamen »Wie peinlich ist das denn?«-Ablachen vor dem Fernseher, auf den Titelblättern der Boulevardzeitungen wird am nächsten Morgen diskutiert, wer vor der Kamera die lächerlichste Figur abgegeben hat. Warum tun wir uns das an?

Ganz einfach: Weil es jeder, der im permanenten Fettnapf-Risiko lebt, mitunter als wohltuend empfindet, sich von anderen zu distanzieren, über deren Peinlichkeit Einigkeit herrscht. »Wir haben alle ein Bedürfnis, uns zu zeigen und gesehen zu werden«, erklärt der Hamburger Körpertherapeut Udo Baer. »Aber wir haben auch Angst: Was passiert denn, wenn ich gesehen werde? Diese Ambivalenz steckt in uns allen. Es hat daher auch etwas Faszinierendes, zuzusehen, wenn sich jemand anderes blamiert – und nicht ich.«

Es geht also nicht um Mitgefühl, sondern um Schadenfreude. Das aber ist die Perversion des eigentlich nützlichen Peinlichkeits-Konzepts: Statt mit anderen zu fühlen, die gesellschaftliche Regeln verletzt haben, stiften wir Mitmenschen erst an, sich vor Millionen anderen zu blamieren. Und das, könnte man sagen, ist in der Tat peinlich. Nämlich für uns.

Fallgeschichten 3:
Opfer der Umstände

Gefährliche Lektüre

Eine Dienstreise nach München. Ins Handgepäck hatte ich morgens neben Zahnbürste und Deo auch die aktuelle Ausgabe des *Hustler* geschmissen, den ich abends im Hotel, nun ja, lesen wollte. Bei der Röntgenkontrolle am Flughafen fiel den Sicherheitsleuten aber auch noch eine Nagelschere auf, die ich dummerweise zusammen mit meinen Waschutensilien versehentlich ebenfalls eingepackt hatte.

Also wurde ich aus der Schlange der Wartenden herausgebeten und durfte zusehen, wie der Flughafenmitarbeiter meine Tasche durchwühlte. Gründlich. Leider fand er die Schere nicht, die auf dem Röntgenbild deutlich zu sehen gewesen war, so dass sich hinter mir langsam weitere Reisende stauten, die ebenfalls auf eine Kontrolle ihres Gepäcks warteten. Wie sich herausstellte, war die Schere ins Pornoheft gerutscht, das der Sicherheitsbeamte irgendwann mit spitzen Fingern aus meiner Tasche zog. »DIE müssen Sie leider hierlassen«, erklärte er mit süffisantem Lächeln, als die Schere scheppernd aus der Zeitschrift fiel, deren Cover eine Dame mit gewaltigen Brüsten schmückte. Ich weiß, dass es Einbildung war, aber ich hatte das Gefühl, dass mir in diesem Moment der gesamte Flughafen zusah.

H.W. (m)

* * *

Aufmerksamer Bürger

Eine Zeitlang gab es in Hamburg – ähnlich wie in Berlin – Idioten, die es offenbar lustig fanden, parkende Autos abzufackeln. Fast jede Woche ging irgendwo ein Auto in Flammen auf – manchmal Nobelkarossen (was auf einen »revolutionären« Hintergrund hätte schließen lassen), mitunter aber auch ganz normale Kleinwagen. Und nicht weit von unserer Wohnung entfernt hatte von einer brennenden Vespa, die nachts auf dem Bürgersteig vor einem Mehrfamilienhaus parkte, das Feuer auf das Wohnhaus übergegriffen. Die unteren Stockwerke samt der darin befindlichen Bäckerei waren komplett ausgebrannt. Es war zum Kotzen. Aber die Schuldigen waren offenbar einfach nicht zu fassen.

Als es auf Silvester zuging, kündigte die Polizei an, in dieser Nacht besonders wachsam sein zu wollen, da man mit verstärkter Aktivität von Feuerteufeln (und möglicherweise auch ein paar bekloppten Nachahmern) rechnete. In dieser Nacht standen wir mit den Kindern auf dem Balkon einer befreundeten Familie im Schanzenviertel und warteten kurz vor Mitternacht auf das Silvesterfeuerwerk, als ich direkt auf der Straße unter uns ein heftig qualmendes Auto sah. Aus seinem Unterboden quollen fette Rauchschwaden, während die

Karosserie offenbar noch nicht Feuer gefangen hatte. Ein brennender Wagen! Vom Täter war allerdings nichts mehr zu sehen. Hektisch griff ich zum Handy, wählte 110 und erklärte der Beamtin, wo der brennende Wagen stand. Nämlich quasi direkt zu unseren Füßen!

Vom Balkon aus konnten wir zusehen, wie im Nullkommanix sieben Streifenwagen am Tatort vorfuhren, abbremsten und sich sternförmig rund um die Reihe parkender Autos zu unseren Füßen aufstellten. Ein paar Beamte stiegen aus und sahen sich um. Und dann passierte erst einmal nichts mehr. Denn der Wagen, den ich in Flammen stehend gewähnt hatte, brannte nicht mehr. Entweder war das Feuer ausgegangen, oder es war nur ein extrem qualmender Böller gewesen, der daruntergerollt war.

Während über uns der Himmel explodierte, standen die Streifenwagen unbewegt vor unserer Haustür. Dann vibrierte das Handy in meiner Hosentasche. »Haben Sie uns eben über ein brennendes Fahrzeug informiert?« Ich, kleinlaut: »Ja.« »Wo ist denn das Fahrzeug genau?« Ich, noch kleinlauter: »Es brennt nicht mehr.« »Was?!?Dann gehen Sie bitte zu den Kollegen und geben sich zu erkennen.«

Oh Mann. Meine Freunde auf dem Balkon, die das Ganze miterlebt hatten, blickten mich mitleidig an, als ich mich umdrehte, um nach unten zu gehen und meinen peinlichen Irrtum zu beichten. Meine größte Sorge war, dass sie mich für einen angetrunkenen Wichtigtuer halten würden statt für einen übertrieben besorgten Familienvater. Deshalb schnappte ich mir kurzerhand meinen kleinen Sohn und nahm ihn auf dem Arm mit hinunter. Das war aber auch keine gute Idee. Als ich unten ankam, schauzte eine Polizistin mich an: »Sind Sie betrunken? Sie können doch mit dem Kind nicht bei diesem Böllerhagel auf die Straße gehen!« Derselben Meinung war übrigens auch meine Frau, als ich mit dem Kleinen wieder hochkam. Eine echte Glanzleistung von mir.

O.S. (m)

✳ ✳ ✳

Viel Feind, viel Ehr!

Verabschiedung von einem englischen Ehepaar, das uns übers Wochenende aufgenommen hatte. Während des Mantel-Anziehens hektisches Kramen nach einer passenden Dankesformel. Was zum Teufel hieß auf Englisch noch einmal Gastfreundschaft? »Hospitality« konnte es nicht sein, schließlich ist Hospitalismus eine Verhaltensstörung. Endlich fiel mir ein, was Gastgeber auf Englisch heißt: »host«. Das musste es sein! Erleichtert wandte ich mich meinen Gastgebern zu und verabschiedete ich mich freundlich lächelnd mit den Worten: »Thank you for your hostility!« Die solchermaßen als feindselig eingestuften Briten verzogen keine Miene, aber warmherzig war ihre Reaktion jedenfalls nicht …

H.W. (m)

✳ ✳ ✳

Ausgerechnet!

Herr H. war als Mathelehrer mindestens so unbegabt wie ich als Matheschülerin, aber im Gegensatz zu ihm verfügte ich immerhin über akzeptable Manieren. Herr H. aber schikanierte seine Schüler, und zwar insbesondere jene wie mich, von denen er wusste, dass sie über kein mathematisches Talent verfügten. Fast in jeder Stunde nahm er mich dran, gerade weil er genau wusste, dass ich die richtige Antwort nicht kannte. Es war ein Horror.

Umso mehr freute ich mich, als endlich die Sommerferien anbrachen und ich mit meiner Schwester und meinen Eltern zum Campen nach Dänemark fuhr und den Zahlen- und Zensurenstress hinter mir lassen konnte. Endlich einmal sechs Wochen kein Mathe mehr! Dennoch kam das Gespräch natürlich immer mal wieder auf die Schule, schließlich drohte nach dem Ferienende die nächste Runde Mathehorror mit Herrn H.

Meiner älteren Schwester, die nicht wirklich verstehen wollte, was denn an Herrn H. so schrecklich war, habe ich eines Morgens mein Herz ausgeschüttet. Wir kamen gerade vom Strand zurück und zogen uns im Duschtrakt des Campingplatzes um. Rechts lagen die Frauenkabinen, der gegenüberliegende Trakt gehörte den Männern, zwischen beiden verlief ein schmaler Gang. Während wir unsere nassen Badeklamotten auszogen, rief ich meiner Schwester über die Kabinenwand die schlimmsten Geschichten von Herrn H. zu, die sie mit einem empörten »Nein!« oder »Das kann doch nicht wahr sein!« quittierte. Ich glaube, sie hat an diesem Tag endlich verstanden, warum ich Herrn H. nicht ausstehen konnte.

Und Herr H. hat an diesem Tag erfahren, was ich wirklich von ihm denke. Als ich meine Kabine aufschloss und auf den Gang trat, stand er nämlich vor der direkt gegenüberliegenden Kabine. Gegen jede Wahrscheinlichkeit(srechnung) machte er offenbar auf demselben Campingplatz Urlaub wie wir. Es war klar, dass er unser Gespräch die ganze Zeit mit angehört haben musste. Während ich kein Wort mehr herausbekam, stieß er mit wütend funkelnden Augen ein »Schönen Urlaub noch!« hervor und ging seines Weges.

Am Ende des folgenden Schuljahres verließ ich mit einer Fünf in Mathe die Schule.

A.S. (w)

* * *

Mit Promi-Faktor

Carl Shimmin

Carl Shimmin, englischer Security-Mann, verdankt seine Bekanntheit einer peinlichen Begegnung mit einer Berühmtheit. Diese Begegnung fiel für ihn eher unrühmlich aus, obwohl man andererseits sagen könnte, dass Shimmin einfach nur seinen Job ernst genommen hatte.

Shimmin war nämlich als Aufpasser zur königlichen Pferdeausstellung der Windsors eingeteilt. Seine Aufgabe: auf der Zufahrt zum Parkplatz die Berechtigung der Ankommenden zu überprüfen. Zu erkennen war diese Berechtigung an einem Aufkleber, den Zufahrtsberechtigte an ihrer Windschutzscheibe zu befestigen hatten.

Der schwarze Vauxhall Carlton, den Shimmin mit ausgestrecktem Arm zum Anhalten aufforderte, verfügte aber über keinen dieser Aufkleber. »Tut mir leid, meine Liebe, aber ohne Aufkleber kommen Sie hier nicht rein«, beschied er die ältere Dame am Steuer, die ihn durchs Wagenfenster hindurch anblickte. Shimmin, später: »Ich dachte, das sei eine nette alte Oma, die sich verfahren hatte.« Und es sei nun einmal seine Aufgabe gewesen, die Aufkleber zu kontrollieren.

Die alte Dame aber öffnete nur das Wagenfenster und erklärte: »Ich glaube, wenn Sie es überprüfen, werden Sie feststellen, dass ich hineindarf.« Und da hatte sie durchaus recht. Denn die Frau, die Shimmin angehalten hatte, war die englische Königin, die die 700-Meter-Strecke vom Windsor Castle zum Ausstellungsgelände selbst gefahren war.

✳ ✳ ✳

Hauptsache Nudeln

Einen Job, ein kleines Kind und nebenbei einen Haushalt mit zwei Katzen am Laufen und bei Laune zu halten, ist eine ziemliche Koordinationsaufgabe. Mich hat sie mitunter ziemlich überfordert, gerade an den Wochenenden.

Meist kaufte ich samstags ein, kochte für beide Tage

vor und bewahrte das Essen für den Sonntag im Kühlschrank auf. An diesem speziellen Wochenende, das mir heute noch Schamesröte ins Gesicht treibt, hatte ich für meine Tochter Bolognesesauce gekocht und die Überreste in einer Schüssel im Kühlschrank aufbewahrt. Der Sonntag begann verdammt früh (Warum müssen Kleinkinder auch immer so früh wach werden?), so dass ich mich einigermaßen schlaftrunken durch den Tag schleppte. Mittags kochte ich Nudeln, die ich für meine kleine Tochter mit den Resten der Bolognesesauce aufpeppte.

Als ich abends die Katzen füttern wollte, konnte ich die Schüssel mit ihrem Fleisch partout nicht im Kühlschrank entdecken. Dafür stand dort noch, wie ich entgeistert feststellte, die Schüssel mit Bolognesauce.

Meiner Tochter aber hatte das Katzenfutter offenbar geschmeckt.

C.J. (m)

❊ ❊ ❊

Capito?

Als Austauschstudentin in Perugia, Italien. Es war vor allem zu Anfang eine ziemlich anstrengende Zeit, weil sämtliche Vorlesungen natürlich auf Italienisch gehalten wurden. Puh. Immerhin kam ich im Alltag einigermaßen gut zurecht. Im schlimmsten Fall nahm ich Hände und Füße zur Hand, um mich verständlich zu machen, das funktioniert immer, gerade in Italien.

So war es auch, als ich nach ein paar Wochen meine Haare schneiden lassen musste. Ich trug sie damals

schulterlang und wollte die Spitzen, die leicht aufge-
spleißt waren, kürzen lassen. Die Kommilitonin, die
ich um einen Tipp gefragt hatte, hatte mir einen ziemlich hippen Friseur empfohlen, wie ich feststellte, als
ich mein Fahrrad vor dem Salon abstellte. Umso besser,
dachte ich, da versteht er intuitiv, was bei Leuten wie
mir angesagt ist.

Während der Friseur mir den Frisierumhang umlegte
und ungebremst auf mich einredete (augenscheinlich
wollte er wissen, was er tun sollte, und nahm irriger-
weise an, ich würde ihn verstehen), formte ich zwischen
Zeigefinger und Daumen einen zentimeterkurzen Abstand und erklärte knapp: »Un centimetro!« Der Friseur quittierte meine Ansage mit einem Schulterzucken.
Eigentlich eine klare Sache, dachte ich, aber vermutlich
hätte ich sofort aufspringen sollen, als er nicht zur
Schere, sondern zur Schneidemaschine griff.

Als ich kapierte, was geschah, war es bereits zu spät.
Mit einem beherzten Handgriff hatte er bereits eine
Schneise in meinen Hinterkopf gefräst. Und während
ich paralysiert dasaß, verpasste er mir seelenruhig eine
Gabriele-Krone-Schmalz-Frisur – einen waschechten
Mecki. Die Kommilitonen schauten am folgenden Tag
ebenso irritiert wie die Dozenten. Ich war nur froh,
dass ich Hunderte Kilometer entfernt von meiner
eigentlichen Uni war, wo mich jeder kannte.

M.W. (w)

✳ ✳ ✳

Greifen Sie ruhig zu!

Ein heißer, stickiger Urlaubsnachmittag in Bozen. Wir schlenderten durch die rummelige Altstadt, vorbei an Ständen und Bistros, deren Besitzer Tische und Tresen auf die Straßen gestellt hatten, an denen man probieren, essen und trinken konnte. Es war die Hauptreisezeit, daher war die ganze Altstadt voller Touristen und wir gefangen in Menschenmassen, die sich träge durch die Gassen schoben. Gegen Mittag wurde ich ungehalten, weil sich unsere kleine Reisegruppe partout nicht entschließen konnte, wo wir denn mal einkehren sollten, sondern immer weiterwanderte. Schließlich verspürte ich ziemlichen Hunger. Während wir wie eine Schafherde vorantrabten, beobachtete ich, wie sich ein Besucher an einem Stand vor uns genüsslich einen Käsespieß nach dem anderen reinschob. Das war meine Chance! Ich ließ mich von der Menge an den Stand treiben, bis ich direkt neben dem dreisten Feinschmecker stand. Als ich zugriff, blickte ich ihn ein bisschen triumphierend an. Sicherlich war es ihm unangenehm, dass ich ihn dabei erwischt hatte, wie er es sich auf Kosten anderer gutgehen ließ. Dann stopfte ich mir gleich zwei Käsespieße auf einmal in den Mund. Das tat gut.

Der komplett entgeisterte Blick, mit dem der Mann mich anstarrte, verriet mir allerdings schnell: Es war kein Probierteller, an dem ich mich gerade mit vollen Händen bedient hatte. Es war seiner.

W.V. (m)

✳ ✳ ✳

Fortissimo!

Ich stand während einer kurzen Auftrittspause unseres Spielmannszuges im Hintergrund neben einer Litfaßsäule. Es drückte ein bisschen Darmwind nach draußen, also quetschte ich mich weiter hinter die Litfaßsäule und versuchte, den Wind vorsichtig entfleuchen zu lassen. Das gelang mir nicht – es wurde ein etwas lauteres »Tröööt« daraus. Naja, ich steh ja alleine da – dachte ich, drehte mich um und entdeckte einen unserer jüngeren Trommler, der mich ziemlich entsetzt ansah ... Alles was ich herausbrachte, war ein: »Hab ich dich jetzt umgeblasen?«

S.H. (w)

✳ ✳ ✳

Mit Promi-Faktor

Campino

Als »eine kurze, glückliche Zeit« erinnert Campino, Sänger der »Toten Hosen«, jene Phase seines Lebens, in der er zwei Freundinnen gleichzeitig hatte. Die beiden wussten natürlich nichts voneinander, und es hätte daher möglicherweise eine lange, glückliche Zeit für alle drei Beteiligten daraus werden können, hätte den Musiker während einer Südamerika-Tournee nicht die Sehnsucht gepackt. Also setzte sich Andreas Frege, wie Campino bürgerlich heißt, an einem freien Tag hin und verfasste den Lieben daheim Briefe, in denen er sie seiner tiefen Gefühle versicherte. Es wurde lange Briefe, schließlich nimmt so eine Beziehungsbilanz ordentlich Raum ein, die er in vorbeschriftete Umschläge steckte und versandte. Und natürlich geschah, was geschehen musste: Campino vertauschte versehentlich die Umschläge.

»Gemerkt habe ich den Schlamassel erst nach meiner Rückkehr, als es zu spät war«, so der Sänger in der Anekdotensammlung »Peinlich – 100 Prominente gestehen«. »Von da an war ich wieder Single.« Die eine Freundin ließ nie wieder von sich hören. Die andere schickte ihm das säuberlich zerrissene Schreiben per Post mit der Aufforderung, sich nie wieder bei ihr blicken zu lassen.

***

Dufter Zug

Als mein jetziger Ehemann und ich noch in einer Fernbeziehung lebten, besuchten wir uns jedes Wochenende per Bahn. Da ich unweit vom Bahnhof wohnte, konnte ich zu Fuß mit meinem kleinen Rollkoffer zum Bahnhof gehen. Einmal war ich spät dran und schaffte es gerade so noch zum Zug, fand einen Platz in einem Abteil und hievte meinen Rollkoffer ins Gepäckfach. Dabei sah ich, dass ich in der Hektik des Hinwegs offenbar mit meinem Koffer durch Hundekacke gefahren war. Nicht nur mein Oberteil, sondern auch mein Rock waren komplett mit Hundekot verschmiert. Mit hochrotem Kopf flüchtete ich auf die Toilette und versuchte alles abzuwaschen, was allerdings nur mäßig gelang. In der Hoffnung, zumindest den Geruch mit übermäßigem

Deoeinsatz loszuwerden, sprühte ich drauflos. Noch nie habe ich mich gegenüber meinen Zugsitznachbarn so geschämt!

S.V. (w)

* * *

Ist auf dem Weg!

Unsere Agentur hatte mehrere Jahre für einen großen deutschen Autohersteller gearbeitet, dessen Etat mehr als zwei Drittel unserer Arbeitsplätze finanzierte. Allerdings war unser Verhältnis, seit beim Autohersteller – nennen wir ihn: Marke A – der Marketingleiter gewechselt hatte, spürbar schwieriger geworden. Unser neuer Ansprechpartner verlangte mehr Arbeit für dasselbe Honorar, kritisierte permanent die vermeintlich suboptimale Qualität unserer Arbeit (»Da geht noch was!«) und schien generell unzufrieden mit dem, was wir ablieferten. Mitunter, wenn wir bei einer Präsentation abgekanzelt und mit Korinthenkackerfragen genervt worden waren, mutmaßten wir, dass der Neue bereits nach einer neuen Agentur Ausschau hielt. Verhindern konnten wir es nicht, wissen allerdings auch nicht. Was wir indes genau wussten: Der Verlust unseres wichtigsten Kunden wäre für unsere Agentur lebensbedrohlich gewesen. Als daher ein anderer deutscher Autohersteller – nennen wir ihn: Marke B – einen Pitch über ein großes Paket an Agenturleistungen ausschrieb, hatten wir keine großen Skrupel, uns um diesen Auftrag zu bewerben. Klar war: Unser aktueller Auftraggeber durfte niemals von unserer Bewerbung bei der Konkurrenz erfahren. Klar war auch: Für alle Kollegen bedeutete die Bewerbungsphase eine enorme Belastung, weil wir parallel zu unserem Pitchbeitrag für Marke B auch noch die ganz normale Arbeit für Marke A erledigen mussten, die zudem seit neuestem besonders kritisch beäugt wurde. Wir legten uns also alle enorm ins Zeug, schoben Nacht- und Wochenendschichten, um alles rechzeitig zum Abgabetermin fertigzukriegen. Eines Freitagsabends bestellten wir – gerade noch rechtzeitig vor der Deadline am Montagmorgen – einen Overnight-Kurier, der ein dickes Paket mit unserem Wettbewerbsbeitrag für unseren potentiellen neuen Auftraggeber abholte. Wir hatten wirklich all unsere Kreativität in die Arbeit gelegt und rechneten uns gute Chancen aus. Parallel hatten wir auch noch die Aufträge für unseren bestehenden Auftraggeber fertiggestellt, so dass beides gleichzeitig auf den Weg gebracht werden konnte. Dann gönnten wir uns alle ein Ausruhwochenende mit viel Schlaf. Am Montagmorgen herrschte eine ungewohnte Ruhe in der Agentur. Es war klar, dass es einige Tage, wenn nicht sogar Wochen dauern würde, bis Marke B die Beiträge gesichtet, sich eine Meinung gebildet und eine Vorentscheidung getroffen hätte. Dachten wir jedenfalls. Tatsächlich stand unsere Assistentin bereits am Montagnachmittag völlig aufgelöst im Büro unseres Chefs: Von Marke B hätte sich jemand gemeldet, bei ihnen seien Unterlagen eingegangen, die offensichtlich nicht für sie bestimmt gewesen waren. Sie würden sie über Nacht an uns zurückschicken. Als am nächsten Morgen das Paket bei uns einging, bestätigte sich, was wir bis dato nur befürchtet hatten: Unsere Assistentin hatte im Abgabestress die Pakete verwechselt. Unser Pitchbeitrag für Marke B war versehentlich an unseren alten Auftraggeber und Kunden adressiert worden, dessen – natürlich vertrauliche – Kampagnenmotive dafür an seinen ärgsten Konkurrenten gegangen waren. Es war bodenlos. Es war fürchterlich. Es war durch nichts mehr zu reparieren oder in irgendeiner Form wiedergutzumachen. Es war das Ende. Von unserem potentiellen neuen Auftraggeber, der uns immerhin freundlicherweise die vertraulichen Unterlagen zurückgeschickt hatte, hörten wir nie mehr etwas. Wer würde auch schon mit einer Agentur arbeiten wollen, die vertrauliche Dokumente an den größten Wettbewerber schickt? Mit unserem alten Auftraggeber waren wir nur noch ein einziges Mal in Kontakt. Und zwar in Form einer Kündigung.

C.M. (w)

✳ ✳ ✳

Hinterlassenschaften

Als mein erster Freund und ich uns damals näherkamen, passierte es mir gleich bei einem der ersten Male, dass ich meinen Slip irgendwo bei ihm im Zimmer verlor. Wir haben das Zimmer komplett auf den Kopf gestellt und ihn dennoch nicht gefunden. Auch in weiteren Suchaktionen war das Ding einfach nicht aufzutreiben. Als wäre das nicht bescheuert genug, erzählte mir mein Exfreund drei Jahre später, dass seine nächste Freundin ihn verlassen habe, weil sie in seinem Schlaf-

zimmer einen Damenslip fand und fest davon überzeugt war, dass er sie betrüge. Es war mein Slip von
damals.

N.P. (w)

***

Mit Promi-Faktor

George Bush

Ein Sprecher des Weißen Hauses erklärte den Zwi-
schenfall, der als einer der denkwürdigsten Fauxpas
bei Staatsbesuchen in die Geschichte eingegangen
ist, später zur läppischen Folge einer Magengrippe.
Andere Beobachter vermuteten, die ungewohnte
japanische Kost sei Mr. Bush nicht bekommen. Tatsache ist: Bei einem Staatsdinner kotzte der amerikanische Präsident direkt in den Schoß seines Gastgebers, des japanischen Premierministers Kiichi
Miyazawa. Vorangegangen war offenbar ein Schwä-
cheanfall. Während 135 Diplomaten und andere
Gäste auf den Toast des amerikanischen Präsidenten
warteten, wandte sich Bush zur Seite, murmelte noch
ein »Würden Sie mich kurz entschuldigen« zu Miyazawa, dann war es zu spät. »Er war weiß wie ein
Laken«, zitierte die *New York Times* einen nament-
lich nicht genannten Gast des Dinners. Der Präsident
glitt dann auf den Boden, wo der japanische Premier
für einige Minuten seinen Kopf hielt. Dann wurde er
von Agenten des Secret Service auf die Beine gebracht
und zu einer wartenden Limousine eskortiert. An-

geblich soll Bush dabei tapfer lächelnd erklärt haben: »Ich wollte nur ein bisschen Aufmerksamkeit.«

Ziemlich schnell fand die Episode Eingang in den Kulturkanon beider Staaten. In einer Episode der Simpsons (»Two bad neighbours«) droht Bush Homer Simpson: »Ich werde Sie ruinieren wie ein japanisches Bankett!« Die Japaner wiederum haben laut *Encyclopedia of Political Communication* einen eigenen Begriff namens »Bushu-suru« geformt, was so viel bedeute wie »Das Bush-Ding machen«.

✳ ✳ ✳

Schlüsselerlebnisse

Ich wohne in einem Haus mit zwanzig Parteien. Eines Tages war ich nach der Arbeit noch einkaufen und habe sehr vertieft meine Mails gelesen, während ich mit der Einkaufstasche in der einen und dem Handy in der anderen Hand die Treppe hinaufstapfte. An der Wohnungstür angekommen, steckte ich den Schlüssel ins Schloss und versuchte rüttelnd und zerrend aufzusperren. Kaputt? Als ich aus meiner E-Mail-Lese-Trance erwachte, stellte ich erschrocken fest, dass ich im falschen Stockwerk stand. Just in diesem Moment brach mein Schlüssel ab – und gleichzeitig kam der Nachbar an die Tür. Ich schaue diesem Kerl seitdem nicht mehr in die Augen.

N.P. (w)

✳ ✳ ✳

Licht aus!

Wir waren auf dem Heimweg. Es war mitten in der Nacht, und wir verspürten Lust aufeinander. Auf einem einsamen Parkplatz ging es zur Sache. Nach einer Weile klopfte jemand an das Fenster unseres Autos und fragte laut, ob er helfen könne. Wir auseinander und Fenster geöffnet. Draußen ein Polizist. Der merkte, wobei er gestört hatte, und meinte nur trocken: »Beim nächsten Mal bitte das Licht ausmachen.«

N.N. (m)

* * *

Mit Promi-Faktor

Gotthilf Fischer

Ältere Fernsehzuschauer werden sich noch an den weißhaarigen Chorleiter erinnern, der mit den nach ihm benannten Laien-Chören in gefühlt jeder zweiten Samstagabendshow Volkslieder zum Besten gab. Kaum jemand wird sich allerdings an jene SAT1-Sendung erinnern, in der Fischer im reifen Alter von 73 Jahren und bekleidet nur mit einer Unterhose auftrat. Nach dem Vorbild der Bohlen-Freundin Naddel Abd El Farrag, die sich ihre Brüste hatte wiegen lassen, ließ der Vor-Sänger seine eigene »Naddel«, also seinen Penis wiegen. Hinterher behauptete er, hereingelegt worden zu sein. Machte aber auch nichts, denn der Sender entschied, das Trash-Format nicht auszustrahlen.

Rien ne va plus

Mein erstes Mal in einem großen Spielcasino. Ich stand in Wiesbaden am Roulettetisch, hatte zehn Euro auf meine Glückszahl gesetzt ... und gewann tatsächlich! Zumindest glaubte ich das. Mir gegenüber am Tisch stand allerdings ein Mann, der mich um einen Kopf überragte und unverschämterweise behauptete, der Jeton, der auf meiner Glückszahl lag, sei seiner gewesen.

Es entspann sich eine kurze Diskussion, während der sich mein ohnehin im gehobenen Bereich befindlicher Adrenalinspiegel gen Maximum steigerte. Alle Blicke ruhten auf mir, dem Glücksspiel-Anfänger.

Unsere erregte Diskussion wurde dann vom Croupier unterbrochen, der ruhig erklärte, mit den Kameraaufzeichnungen, die aus Sicherheitsgründen von jedem Tisch gemacht würden, lasse sich binnen fünf Minuten zweifelsfrei klären, um wessen Jeton es sich handele. Er werde das kurz klären.

Eine gefühlte Ewigkeit später erschien der Croupier wieder und erklärte mich zum Gewinner. Na also! Mit seinem Rateau schob er mir einen großen Stapel Jetons zu, die ich triumphierend einzusammeln begann. Leider war ich mittlerweile so nervös, dass mir die Jetons durch die Hand rutschten und in alle Richtungen davonrollten, so dass ich die nächsten Minuten auf dem Boden kriechend zwischen den Beinen der Damen und Herren Mitspieler verbrachte.

Als ich endlich alles eingesammelt hatte, machte ich

mich mit hochrotem Kopf (und meinem Gewinn) auf zum nächsten Tisch – und verlor dort alles.

G.V. (m)

∗ ∗ ∗

Schulfrei

Ich war 15 Jahre alt, hatte mal wieder die Schule geschwänzt und lag vormittags gegen halb zwölf immer noch im Bett. Meine Eltern waren auf der Arbeit, und ich war der Einzige zu Hause, als ein Klingeln mich aus dem Bett schreckte.

Ich lief zur Wohnungstür, aktivierte die Sprechanlage und hörte, dass unten der Postbote vor der Haustür stand, der für uns und Nachbarn Pakete abgeben wollte. Da ich vor wenigen Sekunden noch im Bett gelegen hatte, hatte ich, als ich die Tür öffnete, nur meine Boxershorts an (altersgemäß waren es Shorts der Sorte »Ich bin ein Gangster und trage orangene XXL-Boxershorts aus 99 % Plastik, damit es schön glänzt«).

Der Postbote kam hoch in den dritten Stock, drückte mir die Pakete in die Hand und machte bereits kehrt, als hinter mir die Wohnungstür durch einen Luftzug zugeweht wurde. Ich hatte mich ausgeschlossen, und das fast nackt. Der Postbote war sichtlich genervt, schließlich musste er alle Pakete wieder an- und mitnehmen (ich konnte sie ja schlecht im Treppenhaus stehen lassen). Ich war nicht genervt, sondern eher verzweifelt. Alle Nachbarn waren arbeiten, was mitten am Vormittag ja auch normal ist.

Am Ende hatte ich keine andere Chance, als barfuß

und in Boxershorts quer durch Mannheim-Seckenheim zu einem Kumpel zu laufen, von dem ich wusste, dass er schulfrei hatte. Natürlich wurde ich auf dem Weg von einigen Bekannten gesichtet. Deren Verwunderung wurde nur noch von jener meines Freundes übertroffen, als ich bei ihm in Boxershorts vor der Tür stand.

D.S. (m)

* * *

Die Bewerbung liegt Ihnen vor

Ein Kennenlerngespräch mit einer (potentiellen) zukünftigen Arbeitgeberin. Ich hatte mein feinstes Kostüm und trotz meiner 1,85 Meter Körpergröße hochhackige Schuhe angezogen. So stakste ich durch die Tür des »Café de Paris«, eines beliebten und stets vollbesetzten Bistros in der Hamburger Innenstadt. Weil es Winter war, hatte man dort hinter die Eingangstür noch einen schweren roten Samtvorhang gehängt, der die Gäste vor der hereinströmenden Kälte bewahren sollte. Und genau an diesem Vorhang blieb ich, nervös wie ich war, mit einem meiner Absätze hängen – und schlug der Länge nach und mit großem Gepolter in den Gastraum hin.

Ich weiß noch, dass es schlagartig mucksmäuschenstill war. Jedes Gespräch erstarb, ich konnte quasi die aufgerissenen Münder der Gäste hören, während ich mit der Nase auf dem Boden lag. Soweit ich es spüren konnte, hatte ich mir nichts getan, von einem enormen Schrecken einmal abgesehen. Dennoch blieb ich erst einmal liegen, weil zentnerschwere Scham auf mir lastete. Ich spürte, wie zwei Kellner auf mich zustürzten, besorgt fragten, ob ich ansprechbar sei, mich unterhakten und mir vorsichtig aufhalfen. Langsam setzten an den Nebentischen die Gespräche wieder ein.

Die Kellner geleiteten mich zu einem Tisch, der hektisch freigeräumt wurde, brachten mir Apfeltarte und Café au lait. Das war die eine gute Nachricht. Die andere: Meine zukünftige Arbeitgeberin war offenbar noch nicht da. Sie kam erst ein paar Minuten später durch dieselbe Tür, an der ich mich langgelegt hatte. Von meinem durchschlagenden Auftritt hatte sie nichts mitbekommen.

N.G. (w)

* * *

Bestens beraten

Ich war mit meiner Frau beim Optiker, um mir ein neues Brillengestell auszusuchen. Die Frau des Inhabers zeigte uns mehrere Modelle und empfahl mir besonders ein sehr großflächiges Gestell. Mir aber sagte es überhaupt nicht zu. »Damit sehe ich aus wie ein Porno-Regisseur der 80er Jahre«, erklärte ich meiner Frau und der Inhaberin einigermaßen entrüstet. In dem Moment kam ihr Mann dazu – mit genau diesem Brillengestell auf der Nase …

Ich habe mich dennoch für ein anderes Gestell entschieden.

M.W. (m)

* * *

Nackt im Treppenhaus

Ich war gerade in meiner neuen Mietwohnung eingezogen, als ich in einer schwül-warmen Sommernacht etwas angetütert von einer Kneipentour zurückkehrte. Ich zog meine durchgeschwitzten Klamotten aus, ließ mich aufs Bett fallen und schlief sofort ein. Später in der Nacht wachte ich auf, weil ich aufs Klo musste. Ich tapste schlaftrunken aufs WC, fingerte nach dem Lichtschalter und war sofort schlagartig wach: Es war nicht die Klo-, sondern die Haustür, die ich gerade hinter mir zugezogen hatte! Mitten in der Nacht stand ich nackt im 5. Stock eines Mehrfamilienhauses, in dem ich noch keinen Menschen kannte, in einer Stadt, in der ich fremd war. Was tun?

In meiner Verzweiflung griff ich zur Fußmatte meiner Nachbarn, drückte sie vor die Brust und meine eigene Matte an die Rückseite. Mit diesem Schildkrötenpanzer bekleidet lief ich in den Keller, wo ich beim Umzug ein paar Altkleider aussortiert hatte. Ich fand eine Unterhose und einen BH, die glücklicherweise noch einigermaßen passten. Draußen auf der Straße blickten mich die letzten Nachtschwärmer ziemlich befremdet an. Einer von ihnen ließ mich dennoch sein Handy benutzen, mit dem ich meine Eltern wecken konnte. Dummerweise dauerte es noch mehr als eine halbe Stunde, bis sie mit dem Ersatzschlüssel eintrafen.

Es war eine wirklich traumatische Erfahrung. Ein bisschen über sie hinweggetröstet hat mich eine Geschichte aus Los Angeles, von der ich in der Zeitung las: Dort hatte die Polizei eine völlig nackte Frau verhaftet, die sich einen Eimer über den Kopf gestülpt hatte. Als die Officer sie nach einer Erklärung fragten, berichtete sie, dass sie kurz nackt auf ihren Balkon getreten sei. Dabei sei die Balkontür hinter ihr zugefallen. Also musste sie sich irgendwie Hilfe holen, und um nicht erkannt zu werden, habe sie eben einen Eimer gegriffen und sich über den Kopf gestülpt, bevor sie sich auf den Weg machte. Und dabei habe sie die Orientierung verloren.

Als ich das las, wurde mir klar: Es gibt tatsächlich noch schlimmere Erfahrungen als meine. Aber Klo- und Haustür aber habe ich trotzdem nie mehr verwechselt.

A.S. (w)

* * *

Die geduldigen Deutschen

Als Ausländerin in Deutschland habe ich ziemlich schnell Anschluss gefunden. In Berlin geht das gut, wenn du jung und ohne Familie bist: Sprachtandems, Pub Crawls und Ähnliches findet man überall. Einmal nahm ich an einer Fahrradtour teil, bei der man die Stadt entdecken konnte. Wir waren schon eine Weile unterwegs, und da war diese große, weite Straße vor uns. Ich fragte den Leiter, wo wir langfahren würden, und er sagte: immer geradeaus. Ich saß auf dem Rad, den Wind im Gesicht, und da packte es mich. Ich fuhr voran, immer schneller, und vergaß alles andere drum rum. Nach einer Weile blickte ich mich um – von den anderen keine Spur. Ich wartete und wartete, aber niemand kam. Da fuhr ich den Weg zurück, und an einer Straßenkreuzung standen sie. Sie hatten die ganze Zeit auf mich gewartet. Das war so nett! Und mir so unangenehm …

N.A. (w)

✳ ✳ ✳

Mit Promi-Faktor

Sarah Connor

Sie sind nicht ganz sattelfest beim Text der deutschen Nationalhymne? Macht nichts. Einige Promis sind es augenscheinlich auch nicht. Die Sängerin Sarah Connor beispielsweise ersetzte vor einem Fußball-Länderspiel das schwülstige »Blüh im Glahanze« kurzerhand durch ein knackig-rustikales »Brüh im Lichte«. Was immer das heißen mag.

✳ ✳ ✳

Blind Date

In Berlin begegnet man irgendwie ständig Prominenten, und natürlich spreche ich sie normalerweise nicht an. Eines Abends aber stand ich gerade in der Kastanienallee, als direkt vor mir Alexa Hennig von Lange die Straße entlanglief. Damals war ich gerade ein großer Fan von ihr, andererseits aber auch ein bisschen sauer, weil sie ein paar Tage zuvor das Ende ihres Romans »Relax« in der Talkshow von Johannes B. Kerner verraten hatte. Jedenfalls kam es, als sie an mir vorbeiging, unwillkürlich aus mir heraus: »Ey, Alexa!« Ich war so überrumpelt wie sie, als sie sich umdrehte und mit großen Augen und einem Lächeln auf mich zukam. »Hey, äh …«, sagte sie. Da wusste ich: Oh, die denkt natürlich, wir kennen uns! Ich stammelte dann irgendetwas von: »Oh, äh, achso, nee …« Nach ein paar Minuten Stille, die wahrscheinlich eher Sekunden waren und in denen wir uns verwirrt anschauten, drehte sich die Schriftstellerin wortlos wieder um und ging. Ich blieb noch eine Weile stehen und überlegte, was da eigentlich gerade passiert war. Dann fiel es mir ein: Ich hatte mich gerade sehr dämlich angestellt.

M.K. (m)

✳ ✳ ✳

Der nackte Wahnsinn

Ich habe in einem 5-Sterne-Hotel in Hamburg (dem »Reichshof« nach der Renovierung) nachts gegen 00.30 Uhr die Badezimmertür mit der Zimmertür verwechselt und stand splitternackt im Hotelflur im 3. Stock. Kein Telefon weit und breit. Ich musste dann mit dem Fahrstuhl ins Erdgeschoss fahren und habe aus der offenen Fahrstuhltür heraus versucht, jemandem vom Personal auf mich aufmerksam zu machen – vergeblich. Geholfen hat mir dann ein Hotelgast, der die Rezeption informierte. Von dort brachte man mir dann eine Tischdecke (!!), mit der ich mich umwickeln konnte, und hat mich auf mein Zimmer begleitet. Dort musste ich mich noch ausweisen, weil ich ja nicht belegen konnte, dass dies tatsächlich mein Zimmer war. Die ganze Angelegenheit verlief nicht gerade diskret.

Als ich später auscheckte, konnte der Mitarbeiter an der Rezeption sich ein breites Grinsen nicht verkneifen.

W.M. (m)

✳ ✳ ✳

Mein Name tut nichts zur Sache

Ich war feiern im »Watergate«, einem Berliner Club, hatte ziemlich einen getrunken und lernte, als ich schon fast gehen wollte, ein sehr lustiges und sehr attraktives Mädchen kennen. Zusammen kippten wir an der Bar noch einige Caipirinhas. Das ist das letzte, an was ich mich aus dieser Nacht erinnern kann.

Am nächsten Morgen wachte ich auf. Es war nicht mein Bett, und neben mir lag dieses Mädchen. Ich stückelte den Vorabend langsam im meinem Kopf zusammen – aber ihr Name wollte mir einfach nicht mehr einfallen! Keine Chance. Bald danach wachte auch sie auf, und ich wollte kein Arschloch sein. Also machte ich in ihrer Küche Frühstück für uns beide, wir verbrachten noch den Rest des Vormittags zusammen, während ich das Gespräch so zu lenken versuchte, dass ich nicht ihren Namen nennen musste. Glücklicherweise gelang es mir auch einigermaßen ohne verbale Verrenkungen. Gegen Mittag verabschiedeten wir uns. Bis heute weiß ich nicht, mit wem ich diese Nacht eigentlich verbracht habe. Ich weiß nur: Alkohol macht vergesslich.

O.L. (m)

✳ ✳ ✳

Guten Appetit

Ein »All you can eat«-Buffet beim Mexikaner. Bei mir: meine besten Freunde. Ich schaufele mir eine kleine Portion Gazpacho in einen Suppenteller und balanciere Tablett und Teller zurück zu unserem Tisch. Meine Begleiter sind bereits kräftig am Futtern, als ich allen fröhlich »Guten Appetit denn mal!« wünsche und mir einen Löffel Gazpacho genehmige. Es war aber gar keine Gazpacho, sondern eine extrem scharfe Tomatensalsa! In meinem Mund und Rachen zündete augenblicklich ein Inferno, als hätte ich versehentlich eine Tablette Napalm verschluckt.

Ich konnte gar nicht anders, als das Teufelszeug prustend und nach Atem ringend auszuspucken. Wie ein feiner roter Regen legte es sich über Tisch, Teller und Kleidung unserer Runde. Der Appetit war den anderen erst einmal vergangen.

G.W. (w)

✳ ✳ ✳

Mit Promi-Faktor

Zbigniew Rybczynski

Sie kennen Zbigniew Rybczynski nicht? Sollten Sie aber, schließlich handelt es sich bei ihm um einen Oscar-dekorierten Filmemacher. Allerdings kannte den Preisträger auch in Hollywood kaum jemand. Und genau das war sein Problem. Rybczynskis Unbill begann, als er bei der Oscar-Verleihung im Dolby-Theatre mit dem höchsten Preis der Filmbranche für den besten animierten Kurzfilm ausgezeichnet werden sollte. Dummerweise sprach Kristy McNichol, die ihn als Laudatorin ankündigte, seinen Namen unverständlich aus – es klang, als würde sie in einem russischen Restaurant eine seltene osteuropäische Spezialität bestellen. Als Rybczynski dann seine Trophäe in der Hand hielt und zur Dankesrede ansetzte, begann unvermittelt das Orchester zu spielen. Die Ansprache des Oscar-Preisträgers war damit schon nach kurzer Zeit beendet. Möglicherweise war der Filmemacher jetzt schon ziemlich entnervt, jedenfalls ging er vor die Tür, um eine Zigarette zu rauchen. Als Rybczynski in den Saal zurückkehren wollte, um weiter seinen Oscar zu feiern, wurde er von der Security nicht mehr hineingelassen. Vielleicht lag es daran, dass der Pole des Englischen nicht besonders mächtig war oder einen starken Akzent hatte, jedenfalls glaubten die Sicherheitsleute, es mit einem Betrunkenen zu tun zu haben. Es nützte Rybczynski wenig, dass er »Ich habe Oscar, ich habe Oscar!« brüllte – er wurde abgeführt und verbrachte die potentiell glorreichste Nacht seines Lebens nicht im Dolby Theatre, sondern in einer Zelle.

✳ ✳ ✳

Voll daneben

Der peinlichste Moment meines Lebens liegt schon etwa dreißig Jahre zurück, aber wenn ich an ihn denke, wird mir auch heute heiß und kalt.

Ich arbeitete damals als Abteilungssekretärin in einer Bank. Als ich am Kopierer stand, kam ein sehr lieber Kollege von mir vorbei und gab mir einen Klaps auf den Po. Ich bekam einen Riesenschreck und nahm mir vor, mich zu »rächen«.

Als ich einige Tage später im Büro zu meinem Arbeitsplatz ging, stand er an meinem Schreibtisch, ein Knie locker auf meinem Stuhl, und unterhielt sich mit meiner gegenübersitzenden Kollegin. Ich schlich mich an und haute ihm mit voller Wucht auf seinen ziemlich knackigen Hintern. Er ging ohne Kommentar einen Schritt zur Seite, so dass ich mich setzen konnte. Dabei bemerkte ich das entsetzte Gesicht meiner Kollegin. Erst da merkte ich, dass ich den Falschen erwischt hatte. Zum Glück hatte der Mann Humor. Aber die Sache sprach sich ziemlich schnell in der Bank herum.

K.S. (w)

✳ ✳ ✳

Ein wirklich persönliches Geschenk

Meine Freundin arbeitete damals in einer kleinen Apotheke, es herrschte ein wunderbares Betriebsklima, der Chef war zum Knuddeln (ja, so was gab's noch). Die angestellten Damen überlegten, was sie ihm zum Geburtstag schenken könnten. Ich war und bin passionierter Hobbyfotograf und schlug meiner Freundin vor, ihrem Chef doch ein Album mit Fotos seines Betriebs zu schenken. Mir waren nämlich ein paar Fotos von der Apotheke gelungen, die ungewöhnlich eingerichtet und dekoriert war. Um die Kolleginnen meiner Freundin zu überzeugen, fertigte ich ein großformatiges Fotoalbum an (mit 20 × 30 cm großen Fotos: Gegenlicht, Nachtbeleuchtung, all diesem Schnickschnack). Ich war ziemlich stolz. Eines Morgens gab ich meiner Freundin das Album mit, auf dass sie es im Kollegenkreis zeigen sollte.

Als sie am Abend von der Arbeit nach Hause kam, war ich sehr neugierig auf die Reaktionen. »Was haben deine Kolleginnen denn zu meinem Album gesagt?« Die rätselhafte Antwort meiner Freundin lautete: »Och, was sollen sie schon gesagt haben? Der häufigste Kommentar war: Du hast dich aber gut gehalten …«

Es stellte sich heraus, dass ich ihr statt des Apotheken-Albums jenes mit den Aktfotos von ihr mitgegeben hatte, die ich (mit ihrem Wissen) gemacht hatte. Keine Pornos, aber immerhin Nacktfotos.

Was der Chef schließlich zum Geburtstag bekommen hat, erinnern wir nicht mehr. Aber vielleicht liest er ja hier, was er damals knapp verpasst hat …

H.F. (m)

* * *

Fulminanter Auftritt

Ich war 15 Jahre alt, aktive Handballerin und frisch getrennt. Mein Exfreund war, wie ich erfahren hatte, gleich nach unserer Trennung wieder mit meiner Vorgängerin zusammengekommen. Und genau diese Ex- (und jetzt Neu-)Freundin spielte in der Mannschaft,

gegen die wir antreten mussten! In einem Punktspiel!!
Und was alles noch schlimmer machte: Als ich in die
Kabine zum Umziehen ging, sah ich, dass unter den
Zuschauern auch ER war.

Von diesem Moment an hatte ich nur noch eine Mission: rauszugehen, gegen meine Vorgängerin (und
Nachfolgerin) zu gewinnen und der Truse und IHM zu
beweisen, was ich so draufhabe.

Aber es kam ganz anders. Als wir zum Warmmachen
aufs Spielfeld liefen, wo bereits Trainer, Schiedsrichter,
Mütter, Väter, Onkels, Tanten, Omas und Opas und
nicht zuletzt die Truse und ER standen, sah mich eine
Mannschaftskollegin plötzlich entgeistert an und sagte:
»Steffi, du hast keine Turnhose an!« Und es stimmte:
Ich war in Trikot, Turnschuhen und meinem Teenie-
Schlüpfer aufs Feld gelaufen. Völlig kopflos.

Ich nehme an, mein Ex fand es witzig. Das hoffe ich
jedenfalls.

S.W. (w)

✳ ✳ ✳

Beruferaten

Es war eine sensationelle Safari. Mit einem gemieteten
Jeep tourten meine Frau und ich durch die National-
parks Südafrikas, gingen auf Game Drives, genossen
die herrliche Landschaft und kehrten in Lodges ein, die
wir vorher reserviert hatten. Abends saßen wir meis-
tens noch mit anderen Reisenden ums Lagerfeuer oder
an der Bar zusammen, wo man sich erzählte, was man
tagsüber gesehen, welche Tiere man erlebt oder wo

man sich verfahren hatte. Die meisten, die wir trafen, waren Ehepaare mittleren Alters wie wir, viele auch aus Deutschland. Und nicht selten trafen wir dieselben Leute ein paar Abende später in der nächsten Lodge wieder, schließlich waren wir alle in einer ähnlichen Mission unterwegs.

Wäre es nach uns gegangen, hätte es noch ewig so weitergehen können. Das Einzige, was uns ein bisschen nervte, war die allabendliche, vorhersehbare Frage, was man denn beruflich so mache. Meine Frau und ich arbeiten beide in der Werbebranche, das heißt: Wir arbeiten viel, intensiv und durchaus auch gern. Im Urlaub aber möchten wir über alles Mögliche sprechen, nur bitte nicht über unsere Jobs. Und was wir definitiv nicht von anderen hören möchten, ist ihre – meist unqualifizierte – Meinung über unsere Branche und deren Produkte. Irgendwie endete aber jeder Abend unweigerlich damit, dass uns unsere Gesprächspartner ihre Lieblingsspots erzählten (meist irgendwelche platten Produkte der Konkurrenz, zudem schlecht/fehlerhaft nacherzählt) oder meinten, bei uns ihren Ärger über die ihrer Meinung nach viel zu langen Werbepausen im Fernsehen oder die »völlig hirnlosen« Retracking-Anzeigen im Internet loswerden zu müssen. Deshalb verabredeten wir nach dem zweiten Abend des Urlaubs, uns künftig als Arzt und Krankenschwester auszugeben. Kennengelernt hätten wir uns, natürlich, bei der Arbeit im Krankenhaus. Und da wir schon daheim immer über die Arbeit sprächen, bäten wir um Verständnis, dass wir es jetzt im Urlaub nicht auch noch tun wollen würden.

Das funktionierte bestens – gleich am nächsten Abend konnten wir so den Kommentaren eines Düsseldorfer Ehepaars entgehen, die uns ansonsten sicherlich ungefragt ihre Meinung zu Werbung, Marketing und dem Verfall unserer Kultur im Allgemeinen mitgeteilt hätten.

Am nächsten Morgen brachen wir bei Tagesanbruch auf, packten die für uns vorbereiteten Lunchpakete ein und machten uns auf den Weg. An einem Wasserloch sahen wir einer Elefantenherde zu, wie sie sich zusammen mit ihren Jungtieren abkühlte, beobachteten Giraffen, wie sie stolz und ungelenk zugleich durch die Savanne stolzierten, und machten uns, als die Mittagshitze unerträglich wurde, auf den Weg zu unserer nächsten Lodge.

Ich weiß noch, dass unsere Schlaglochpiste ziemlich lange geradeaus und über eine fast baumlose Ebene führte, über die man kilometerweit vorausblicken konnte. Ich weiß das, weil meine Frau irgendwann mit Blick auf den Weg vor uns sagte: »Da ist etwas.« Ich dachte zunächst, sie hätte einen Löwen oder einen anderen der Big Five entdeckt, aber tatsächlich deutete sie auf einen unbeweglichen Punkt, der weit vor uns direkt neben der Piste auszumachen war. Als wir näher kamen, sahen wir einen zweiten Punkt gleich daneben, der sich hektisch hin und her bewegte wie eine Ameise, die am Boden eines Wasserglases gefangen ist. Bei der weiteren Annäherung erkannten wir, dass die Ameise winkte und dass der unbewegliche Punkt ein Fahrzeug war. »Mein Gott«, sagte meine Frau. Denn das Fahrzeug war ein Jeep, der zerbeult, schlammbespritzt und mit zerbrochener Scheibe neben der Piste auf der Seite lag.

Während ich mit Vollgas auf den peinlichsten Moment meines Lebens zusteuerte, wurde mir klar, dass der Wagen von der Piste abgekommen und sich überschlagen haben musste. Und der Mann, der heftig winkend neben dem Auto umherlief, war der Düsseldorfer vom Abend zuvor. Neben dem Auto saß, mit dem Kopf in die Hände gestützt und blutüberströmt, seine Frau.

»Ein Glück, dass Sie kommen«, brüllte der Düsseldorfer, als wir stoppten und aus unserem Wagen stürzten. »Wir sind von der Piste abgekommen, meine Frau ist verletzt, Sie müssen sofort etwas tun, Sie sind doch Arzt. Gott sei Dank, dass Sie da sind.«

Ich weiß nicht mehr, was ich geantwortet habe. Ich weiß nur, dass meine Frau und ich uns millisekundenlang einen völlig leeren Blick zuwarfen. Das letzte Mal, dass ich Verbandszeug in der Hand gehalten hatte, war im Erste-Hilfe-Kurs vor meiner Führerscheinprüfung gewesen, und Blut kann ich eigentlich auch nicht besonders gut sehen. Aber wir hatten keine andere Wahl. Meine Frau rannte zum Heck unseres Jeeps, kramte zwischen unserem Gepäck und entdeckte glücklicherweise ein Erste-Hilfe-Paket mit uraltem, speckig-verstaubtem Verbandszeug. Damit verbanden wir den Kopf der Düsseldorferin, die sich an der Windschutzscheibe die Stirn aufgeschnitten hatte und wie ein Schwein blutete. Glücklicherweise sah es schlimmer aus, als es war – was man über die Art und Weise, wie meine Frau und ich zu Werke gingen, nicht sagen

konnte. Wir hantierten mit Verbandszeug und Leuko-
plast wie ein Gast in einem Sushi-Restaurant, der zum
ersten Mal in seinem Leben Stäbchen in der Hand hält.
Am Ende sah die Verletzte aus wie ein Großwesir mit
verrutschtem Turban, aus dem Blut gelaufen war.

Dem Düsseldorfer aber schien das nicht aufzufallen,
so überglücklich war er, dass Hilfe da war. Wir betteten
seine Frau auf die Rückbank unseres Wagens und
machten uns, so vorsichtig es ging, mit den beiden auf
den Weg zur Krankenstation, die auf der Nationalpark-
Karte mit einem roten Kreuz verzeichnet war. Irgendwann auf diesem Weg räusperte ich mich und gestand
dem Düsseldorfer unsere Lüge. Ihm klappte tatsächlich
die Kinnlade herunter. Ich konnte zusehen, wie er in
diesem Moment einen Gutteil seines Glaubens an die
Menschheit verlor. Aber es ging nicht anders. Ich
musste in jedem Fall vermeiden, dass er uns, sobald wir
die Krankenstation erreichten, den Ärzten als Kollegen
vorstellte.

S.S. (m)

✳ ✳ ✳

Blinder Passagier

Was uns auf den Malediven passiert ist, war einerseits
peinlich (für uns), andererseits aber (für andere) lebens-
gefährlich. Es hätte ganz anders als lustig ausgehen
können.

Bei einem Urlaub auf dem Inselstaat ist es nämlich
so, dass man am Flughafen der Hauptstadt Male entweder ins Speedboat (für die nähergelegenen Resorts)

oder ins Wasserflugzeug umsteigt. Unser Resort lag im weit entfernten Baa-Atoll, deshalb wurden wir mit unserem Gepäck zu einem sechssitzigen Wasserflugzeug gebracht, das zusammen mit anderen Propellerflugzeugen an einem Pier in Flughafennähe dümpelte und uns in unser Hotel bringen sollte.

Unser Pilot entpuppte sich als ehemaliger australischer Linienpilot, der hier barfüßig, unrasiert, in Shorts und mit Ray Ban auf der Nase ziemlich cool seine letzten Berufsjahre abflog. Unterstützt wurde er von einem einheimischen Steward, der, auf einem Schwimmer balancierend, das Gepäck ins Hintere des Passagierraums bugsierte. Nach einer kurzen Sicherheitseinweisung ließ der Pilot die Motoren an, wir nahmen Fahrt auf, hoben ab und steuerten unser erstes Ziel an. Nach einem fünfminütigen Flug zu einer Hotelinsel stieg der erste Passagier aus, einen kurzen Flug später folgte der zweite, wobei der Steward stets das Gepäck herauskramte und über den Schwimmer des Wasserflugzeuges auf den Anleger warf. Dann starteten wir schnell wieder.

Auf unserer letzten Etappe waren als einzige Passagiere nur noch wir an Bord. Ich blickte durchs kleine Fenster auf die türkisblaue Inselwelt unter uns, als ich plötzlich ein Klopfgeräusch zu vernehmen meinte. Das konnte nur eine Sinnestäuschung sein – schließlich waren wir mehrere Hundert Meter in der Luft. Als ich aber in die verstörten Augen meiner Frau blickte, wusste ich, dass sie dasselbe hörte wie ich. Ich beugte mich nach vorne, tippte dem Piloten auf die Schulter, der seine Kopfhörer abnahm und mich fragte, was los sei. Ein Blick nach hinten ließ ihn plötzlich ziemlich hektisch werden, er ging sofort in den Sinkflug und wasserte das Flugzeug in einer Lagune, wo es schaukelnd zum Stehen kam.

Dann flog die Tür des Flugzeugs auf. Herein kam der trotz seiner dunklen Hautfarbe kreidebleiche Steward, den wir beim letzten Start offenbar draußen vergessen hatten. Der Pilot hatte das Startmanöver eingeleitet und abgehoben, während er noch auf dem Schwimmer stand.

H.W. (m)

Fallgeschichten 4:
Bin ich hier richtig?

Bist du da, Papa?

Eine etwas makabre Geschichte: Mein Papa war erst vor kurzem beerdigt worden, das Grab hatte noch keinen Grabstein. Ich hatte mir die Stelle aber anhand eines Rosenbuschs gemerkt. Es war Winter und deshalb bereits dunkel. Gemeinsam mit meiner besten Freundin besuchte ich den Friedhof. Den Weg zum Rosenbusch leuchtete ich uns mit meinem Handylicht aus. So setzte ich mich nieder, redete mit ihm wie immer, meine Freundin hielt mir tröstend die Hand. Bis sie auf einmal auf das Holzkreuz schaute und meinte: »Ähm … da steht nicht der Name deines Vaters drauf.« Aus Trauertränen wurden in dieser morbiden Situation ganz schnell Lachtränen. Ich suchte mit meiner Taschenlampe das richtige Grab und stellte fest: Mein Vater lag eine Reihe weiter. Ich kann diese Geschichte nur erzählen, weil ich weiß, dass mein Vater genau in diesem Moment lachend mit dem Finger auf die Erde zeigte und sagte: »DAS ist meine Tochter!«

N.D. (w)

* * *

Sayonara, sach ich mal!

Japan. Tokio. Hotel Imperial. In diesem namhaften und damals größten Hotel der Stadt war ich zusammen mit einer Händlergruppe auf Einladung einer japanischen Fotoindustriefirma untergebracht. Am Abreisetag wurden wir gebeten, unsere Koffer frühmorgens zur Abholung vor die Zimmertür zu stellen. Nur mit Unterhose und Unterhemd bekleidet, kam ich der Aufforderung nach – und stellte mit Entsetzen fest, dass die Zimmertür hinter mir zuschlug. Ich war ausgesperrt. Vergeblich hoffte ich, dass ein Gast vorbeikäme und einen Angestellten von meiner misslichen Lage verständigen würde. Es kam niemand. Aus einem Wandtelefon, das am Ende des Flures angebracht war, war nur ein japanischer Wortschwall zu vernehmen (offensichtlich diente es nur den Zimmermädchen zur gegenseitigen Verständigung).

Die Zeit verging, niemand kam, und mir blieb nichts anderes übrig, als barfuß und nur mit Unterwäsche bekleidet in die mit vielen Gästen besetzte Hotelhalle zu laufen, um einen Angestellten zu bitten, meine Zimmertür aufzusperren. Alle, die mich sahen, meinten mit Sicherheit, ich hätte sie nicht mehr alle.

H.-J. W. (m)

* * *

Wo geht's lang?

Eine Geburtstagsfeier auf dem Land. Meine Frau und ich übernachten beim Sohn des Jubilars, der mit seiner jungen Frau gerade ein neues Einfamilienhaus am Rande der Stadt bezogen hat. Als wir spät in der Nacht nach einer berauschenden Feier dort einkehren, bietet er uns noch einen Gute-Nacht-Drink an. Wir genehmigen uns in der Küche noch ein letztes Bier, dann stapfen wir alle die Treppe hoch, verabschieden uns und verschwinden. Meine Frau und ich ins Gästezimmer, unser Gastgeberpaar in ihr Schlafzimmer.

Einige Stunden später wache ich auf, weil ich aufs Klo muss. Ich tapse durchs Zimmer, öffne die Tür und stehe auf dem von einem Nachtlicht erleuchteten Flur. Vor mir: drei identische Zimmertüren. Eine von ihnen muss ins Badezimmer führen, aber welche? Meine Frau will ich nicht wecken (abgesehen davon, dass sie möglicherweise auch nicht weiß, hinter welcher Tür nun das Bad ist). Also versuche ich mich fieberhaft zu erinnern, wo unser Gastgeber verschwunden ist. Aber es fällt mir nicht ein. Das Verrückte ist: Ich weiß in diesem Moment bereits, dass ich auf jeden Fall eine falsche Wahl treffen werde. Was ich allerdings noch nicht weiß: dass unser Gastgeber und seine Frau in diesem Moment gerade einer sehr intimen Beschäftigung nachgehen.

Ein paar Sekunden später weiß ich es. Denn da stehe ich mit schreckstarrem Blick im Türrahmen ihres Schlafzimmers und sehe unseren Gastgeber und seine Frau, die mich entgeistert-wütend mit einem »Was willst du denn hier«-Blick anstarren. Immerhin: Im Gegensatz zu ihnen war ich züchtig bekleidet.

Das Frühstück am nächsten Morgen war ein sehr schweigsames. Wir sind dann auch bald aufgebrochen.

H.W. (m)

✳ ✳ ✳

Mit Promi-Faktor

Victor Serebriakoff

Serebriakoff war einer der klügsten Männer des letzten Jahrhunderts und zudem jener, der den sogenannten Mensa-Club groß gemacht hat. Diese Organisation, die heute um die 100.000 Mitglieder zählt, ist eine Vereinigung von Menschen mit einem außergewöhnlich hohen Intelligenzquotienten. Und Serebriakoff, der einst die Schule ohne Abschluss verlassen hatte, nachdem er wegen seiner außergewöhnlichen Begabung gemobbt worden war, zählte definitiv dazu.

Als Serebriakoff im März 1991 mit zwei Dutzend Mitgliedern des Clubs nach Bristol reiste, um das dortige Wissenschaftsmuseum zu besichtigen, wurde das Ereignis in der Lokalpresse als ein Besuch von »25 der klügsten Menschen der Welt« angekündigt. Allerdings stellte sich bald die Frage, wie alltagstauglich die Intelligenz der Mensaianer eigentlich war. Denn der Gruppe gelang es tatsächlich, sich auf dem Weg von Bahnhof zu Museum zu verlaufen, wie Stephen Pile in seiner Pannen-Anthologie »Dumm gelaufen statt gut gegangen« beschreibt.

Das allerdings war eine ziemliche Kunst, denn die Entfernung zwischen Bristoler Bahnhof und dem dortigen Museum beträgt ganze 70 Meter. Trotzdem wären die Superintelligenzler ohne fremde Hilfe vermutlich nie an ihrem Ziel angekommen. »Als sie nicht eintrafen, begannen wir, uns richtig Sorgen zu machen«, erklärte der Museumsleiter, der am Ende einen Suchtrupp losschickte, um die Hochintelligenten aufzuspüren. »Schließlich entdeckten wir sie. Sie irrten ziellos in den Straßen umher wie eine Schafherde, die sich verlaufen hat.«

∗ ∗ ∗

Mutterkomplex

Eine meiner frühesten Kindheitserinnerungen handelt von einem Einkauf mit meiner Mutter. Ich muss drei oder vier Jahre alt gewesen sein, wir waren beim Edeka-Laden auf der gegenüberliegenden Straßenseite, und ich weiß noch, dass sie eine dieser blauen Kunststoffhosen mit Bügelfalte trug, wie sie in den Siebzigern in Mode waren.

Während meine Mutter den Einkaufswagen füllt, flitze ich Dreikäsehoch durch die Gänge, bis ich kurz vor der Kasse einen Lolli entdecke, den ich unbedingt haben will. Ich sause zurück Richtung Mama, schlinge mich eng um ihr Hosenbein und bettele, was das Zeug hält. Zu meiner Überraschung wehrt sie mein Ansinnen nicht ab, sondern fragt mich mit einer sanften, seltsamen Stimme: »Ja, wen haben wir denn da?«

Ich blicke am Bein hoch und in das Gesicht einer fremden, mir völlig unbekannten Frau. Ich hatte die Hosenbeine verwechselt! Meine Mutter, die ein paar Meter weiter stand und das Ganze beobachtet hatte, musste sehr lachen.

H.W. (m)

＊＊＊

Auf Wanderschaft

Ich neige zum Schlafwandeln, insbesondere nach Alko-
holgenuss. Bei der Hochzeit von Freunden auf einer
Nordseeinsel wurde bis spät in die Nacht gefeiert und
getrunken. Gegen Ende der Feier habe ich mich in meinem Hotelzimmer schlafen gelegt. Aufgewacht bin ich,
als jemand an meiner Schulter rüttelte. Es war die
Rezeptionistin, die mich fragte, was ich denn im Hotel-
keller zu suchen hätte. Ich war nur mit Unterhose bekleidet bis in den Keller marschiert und musste dann
im wachen Zustand, wieder nur in meiner Unterhose,
durch das Hotel zurück auf mein Zimmer gehen. Da
wäre ich vor Scham fast gestorben.

P.G. (m)

＊＊＊

Happy Camper

Schon einmal auf dem Glastonbury-Festival gewesen?
Nein? Also: Eigentlich ist es ein Musikfestival wie viele
andere, aber in groß. Seeehr groß. Man ist den ganzen
Tag auf den Beinen, von Bühne zu Bühne, von Essensstand zur Essensstand, von Party zur Party. Irgendwann am Tag oder in der Nacht ist man dann – glücklich, müde und mit der einen oder anderen berauschenden Substanz im Blut – auf dem Weg in Richtung
Zelt.

Als ich in dieser Nacht todmüde durch die endlosen

Zeltstädte zu meinem weit entfernt stehenden Zelt trottete, wurde überall noch gefeiert, gelacht, geraucht und getrunken. Aber ich wollte einfach nur noch schlafen. Beim Zelt angekommen, riss ich den Reißverschluss auf, ließ mich auf Isomatte und Schlafsack plumpsen und fiel in einen tiefen Schlaf.

Später, viel später, wurde ich durch Stimmen geweckt. Durch die Zeltbahnen konnte ich die Sonne ausmachen, also musste es bereits irgendwann am Vormittag sein. Ich steckte schlaftrunken meinen Kopf aus dem Zelt und sah direkt vor meinem Zelteingang eine Gruppe von Leuten sitzen, die ich noch nie gesehen hatte. Ich zog den Kopf zurück und sah mich um. Seltsam, meinen Schlafsack hatte ich ganz anders in Erinnerung. Und wo waren meine ganzen Sachen? Ich steckte den Kopf wieder raus. Als man mich wahrnahm, brach die Gruppe in herzliches Gelächter aus.

Man erklärte mir, dass das Zelt, in dem ich gerade aufgewacht war, das Zelt von Jeff war. Jeff war irgendwann spät in der Nacht zu seiner Interimsbehausung zurückgekehrt, hatte darin ein fremdes, tief schlafendes Mädchen – nämlich mich – entdeckt und sich, anstatt mich zu wecken, netterweise mit ins benachbarte Zelt eines Kumpels gelegt. Sympathische Typen! Als ich mich umguckte, stellte ich fest, dass mein Zelt tatsächlich gar nicht so unähnlich aussah. Es stand auch nur ein paar Meter entfernt.

H.L. (w)

***

Dringendes Bedürfnis

Auf unserer Indienreise machten wir Halt in Mysore, wo wir eines Abends in einem ganz ordentlichen Restaurant einkehrten. Das Restaurant lag mitten in einem Wohnviertel und war links und rechts flankiert von einigermaßen abenteuerlichen, notdürftig zusammengezimmerten Häuschen. In Indien wird viel wild gebaut, und die Gegend unseres Restaurants gehörte offenbar zu jenen Vierteln, in denen niemand so genau darauf achtete, wer was wo baut. Später am Abend, als ich aufs Klo musste, wies die Bedienung in Richtung des dunkleren hinteren Abschnitts des Restaurants. Ich folgte ihrem Fingerzeig, stolperte durch einen langen, dunklen Flur und fand mich in einem von Petroleumlampen erleuchteten Innenhof wieder. Gleich vis à vis und in der Richtung, in die die Bedienung gedeutet hatte, war ein kleines Häuschen, über dessen Tür eine Gaslampe baumelte. Als ich die Tür öffnete, blickte mich eine ältere Frau an, die auf einem ziemlich schäbigen Sessel ruhte. »Toilet??«, fragte ich, worauf mich die Frau noch überraschter anschaute, bevor sie die Schultern zuckte und auf eine kleine Tür zu ihrer Rechten wies. Dort fand ich, was ich gesucht hatte. Auf meinem Rückweg drückte ich der Toilettenfrau ein paar Rupien in die Hand, bedankte mich und eilte zurück an den Tisch. Als ich gerade wieder zurück durch den dunklen Flur ging, wurde eine Tür geöffnet, und eine andere Besucherin des Restaurants kam heraus. Hinter ihrem Rücken blickte ich in eine Damentoilette, an deren Waschbecken sich gerade eine weitere Frau die Hände wusch. Sollte es hier ein weiteres Gäste-WC geben?

Das fragte ich mich stirnrunzelnd. Aber nur ein paar Millisekunden lang. Dann wurde mir klar: Dies WAR das WC des Restaurants. Das Häuschen hingegen, in dem ich gerade auf dem Klo gesessen hatte, war das Privathaus einer fremden Familie. Und die Frau, die ich für die Toilettenfrau gehalten hatte, war dessen Bewohnerin, die sich vermutlich ziemlich gewundert hat, was diese seltsame Europäerin in ihrem Wohnzimmer wollte. Nett, dass sie mich dennoch ihre sanitären Anlagen hatte benutzen lassen.

G.D. (w)

✳ ✳ ✳

Mit Promi-Faktor

Michael Groß

Der spätere Olympiasieger im Schwimmen war 14 Jahre alt, als er erstmals für Deutschland schwamm. Bei einem Wettkampf der deutschen Jugendnationalmannschaft gegen jene der Sowjetunion und Italiens trat er in der Disziplin Freistil über 1500 Meter an. Er sei gar nicht so schlecht geschwommen, meint Groß, und kurz bevor er zum Endspurt ansetzen wollte, habe er lautes Grölen gehört und als Anfeuerungsrufe für sich gewertet. »Klasse, jetzt noch mal richtig Gas geben«, dachte er. »Noch zweimal wenden, ich schwamm die letzten hundert Meter so schnell ich konnte.« Dabei erahnte der Sportler seinen Trainer zeichengebend am Beckenrand und meinte, komischerweise so etwas wie ein süffisantes

Lächeln zu erkennen. Dennoch gab er unbeirrt sein Bestes. Bis zum Schluss. Erst als er erschöpft am Ziel anlange, begriff Groß: Das Rennen war längst gelaufen, in seinem Eifer war er hundert Meter zu weit geschwommen – belächelt von seinen Gegnern, die bereits aus dem Wasser stiegen. Und der Jubel hatte nicht etwa seinem Endspurt gegolten, sondern dem Ende des Rennens. »Es war so was von peinlich, dass ich mich kaum aus dem Wasser traute – ich hätte versinken, buchstäblich abtauchen können. Zum ersten Mal für Deutschland am Start – und dann das!«, schreibt Groß in »Peinlich! 100 Prominente gestehen«. Zwar sei er getröstet worden, dass das doch jedem passieren könne. In Wirklichkeit habe er aber so etwas nie bei anderen erlebt und auch nie gehört, dass es irgendjemand anderem passiert sei.

✳ ✳ ✳

Fremdenverkehr

Ein Wochenende mit einer Gruppe von Freunden an der schleswig-holsteinischen Nordseeküste. Wir hatten uns übers Internet ein günstiges Ferienhaus gemietet, das sich als etwas in die Jahre gekommenes Reihenhaus entpuppte – immerhin in Strandnähe, gleich hinter den Dünen. Wir hatten einen großartigen Tag am und im Meer, den wir mit einer ausgedehnten Grillparty auf unserer Terrasse beendeten. Spätabends ließen wir alles stehen und liegen und verzogen uns zum Schlafen. Mitten in der Nacht wurde ich von einem lauten Gerumpel geweckt, das aus dem Wohnzimmer zu kommen schien. Einbrecher? Die wären nicht so laut unterwegs, dachte ich. Einer meiner Freunde? Schon möglich, aber was räumte er mitten in der Nacht im Wohnzimmer herum? Nachdem ich dem Lärm eine Zeitlang zugehört hatte, fasste ich mir ein Herz, sprang aus dem Bett, riss meine Zimmertür auf, tastete nach dem Lichtschalter und sah mich, während ich die Augen zusammenkniff, einem völlig fremden Mann im Wohnzimmer gegenüber, der mich im aufflammenden Licht ebenso entgeistert anstarrte wie ich ihn. Eigentlich hätte ich ob des Fremdlings erschrecken müssen, aber der Mann sah so lächerlich aus, dass ich gar keine Gelegenheit hatte, Angst zu entwickeln. Der Eindringling war nämlich auf einem Fuß durch unser Wohnzimmer gehüpft, während er sein linkes Hosenbein über den Fuß zu ziehen und sich gleichzeitig am Cordsofa abzustützen versuchte. Das rechte Bein präsentierte er bereits als schneeweißen, behaarten Oberschenkel unter einer beutelartigen Feinrippunterhose. So war er lautstark durchs Wohnzimmer gehüpft, was mich geweckt hatte (aber offenbar keinen meiner Freunde, was am nächsten Morgen zu langen Diskussionen über Schlafgewohnheiten und die narkotisierende Wirkung von Alkohol führte). Jetzt aber hielt er inne und starrte mich genauso fassungslos an wie ich ihn.

Zwei, drei schreckstarre Sekunden müssen vergangen sein, in denen jeder von uns fieberhaft seine Gedanken sortierte. Zwei Fremde im Wohnzimmer, der eine von ihnen halbnackt, der andere im Schlafanzug, beide vermutlich dasselbe denkend: »Was macht DER hier? Einer von uns hat hier definitiv nichts zu suchen!« Dass er es war, wurde dem Fremden offenbar schlagartig klar, jedenfalls murmelte er nach der Schrecksekunde ein ziemlich undeutliches »Schulligung«, zog sich ungeschickt sein zweites Hosenbein wieder über die Füße, wobei er fast vornüberfiel, griff hektisch nach Schuhen und einer Jacke, die auf dem Teppich verstreut lagen, hastete im Zickzackkurs Richtung Ausgang und zog die Haustür mit einem lauten Knall hinter sich zu. Ich blickte ihm hinterher wie einem Geist, der mir mitten in der Nacht erschienen war. Hätte nicht ein umgefallener Stuhl vor mir gelegen und wäre ich nicht ob des Schreckens und des hellen Lichts knallwach gewesen, hätte ich am nächsten Morgen möglicherweise geglaubt, einen ziemlich kuriosen Traum gehabt zu haben. Dabei war die Erklärung für unseren ungebetenen Besuch ziemlich banal: Der vermeintliche Einbrecher muss ein anderer Mieter der Ferienhaussiedlung gewesen sein, der nachts, in der ungewohnten Umgebung und mit offenbar einigem Alkohol im Blut, den falschen Hauseingang genommen hatte. Die sahen ja auch tatsächlich einer wie der andere aus. Und beim Versuch, sich auszuziehen und schlafen zu legen, war er in unserem Wohnzimmer gegen die Möbel gerumpelt, bis plötzlich das Licht anging. Ich weiß nicht, wer von uns beiden erschrockener über die Begegnung der anderen Art war. Ich weiß nur noch, dass ich die Haustür sorgfältig verschloss, das Licht löschte, mich wieder ins Bett legte und am nächsten Morgen einiges zu erzählen hatte. Als ich mich tagsüber in der Siedlung umblickte, konnte ich den Eindringling nirgends entdecken. Vermutlich schlief er noch seinen Rausch aus. Hoffentlich in seinem Bett.

H.W. (m)

* * *

Mitnahme unter Vorbehalt

Mai 1993: Meine Frau und ich waren auf dem Rückweg von einem langen, erholsamen Urlaub in Italien. Es war schon später Nachmittag, als wir an einer Tankstelle an der A9 hielten, kurz vor Nürnberg. Da kam ein Tramper auf uns zu, warf einen Blick auf unser Nummernschild und fragte: »Könnt ihr mich mitnehmen nach Berlin?« Kurzer ehelicher Blickkontakt, dann ein tiefenentspanntes: »Klar, kein Problem!« Wir starteten mit dem glücklichen Anhalter auf der Rückbank. Aber nach etwa fünf Kilometern durchfuhr es mich plötzlich heiß und kalt. »Duhu?«, sagte ich möglichst leise zu meiner Frau, »wir fahren überhaupt nicht nach Berlin. Wir sind vor sechs Wochen nach Frankfurt gezogen und biegen gleich ab auf die A3.« Heiß und kalt auch bei meiner Frau – dann musste ich mich zu unserem Mitfahrer umdrehen und ihm erklären, dass wir das Auto noch nicht umgemeldet hatten und seine Frage aus alter Gewohnheit (über dreißig Jahre Berlin) irrtümlich bejaht hätten. Abgesehen davon, dass er uns wahrscheinlich kein Wort glaubte und sich fragte, ob er wirklich so stinke, mussten wir den armen Kerl kurz vor dem Dunkelwerden an einem winzigen Parkplatz absetzen – ein Rastplatz, wo er Leute ansprechen konnte, kam nicht mehr vor dem Abzweig Richtung Frankfurt. Manchmal stelle ich mir vor, dass er da immer noch steht...

B.D. (m)

* * *

Finde deinen Weg! Ommmm!«

Feng Shui soll ja eigentlich für Orientierung im Leben sorgen, aber im Bremer Feng-Shui-Hotel haben meine Freundin und ich uns auf dem Weg zur Sauna ins falsche Treppenhaus verirrt. Die Tür, die wir schließlich nahmen, war vermutlich der Notausgang, der auf der Rückseite des Hotels in ein Rotlichtviertel führte. Wir mussten dann im weißen Bademantel mit Frotteeschlappen einmal um den Block laufen. Aus der »Blue Night Bar« kam ein kräftiger Südländer, von dem man nicht wusste, ob er Zuhälter oder Freier war. Er schien aber ähnlich irritiert wie wir. Meine Freundin riet nur: »Tu einfach so, als ob es das Selbstverständlichste der Welt wäre ...«

D.W. (m)

Was unterscheidet
Scham und Peinlichkeit?

Scham und Peinlichkeit sind die Zwillingsschwestern des Beschämtwerdens. Worin unterscheiden sie sich?

Scham ist eine universelle menschliche Emotion, die sich in allen Kulturen und ethnischen Gruppen finden lässt. Sie ist tief in unserem Nervensystem verankert und evolutionär selektiert worden. Scham entsteht, wenn ich gegen meine Normen verstoße, weil ich etwas getan habe, was dem Moralkodex meiner Gesellschaft widerspricht. Peinlich berührt hingegen fühle ich mich, wenn ich vor anderen bloßgestellt werde. Peinlichkeit kann ich also durchaus auch für eine Tat empfinden, die ich persönlich ganz unproblematisch finde.

Als Historiker haben Sie in den letzten Jahren erforscht, wie im Mittelalter Beschämung als Sanktion eingesetzt wurde. Wie funktionierte das?

Schande ist ein starker Anreiz, um eine Person an die gemeinsamen Normen zu erinnern und Kooperation zu fördern. Schamempfinden ist daher eine Voraussetzung, damit wir überhaupt zusammenleben können. Die psychischen Schmerzen, die mit Scham einhergehen, sind der Preis dafür, dass egoistische

Individuen wie der Mensch nebeneinander existieren, ohne sich fortlaufend zu zerfleischen.

Diesen Umstand hat man sich im Hoch- und Spätmittelalter zunutze gemacht. Die sogenannten Schand- und Ehrenstrafen waren damals von Portugal über Polen, Schweden und bis hinunter nach Sizilien verbreitet. Ihr Aufkommen hing mit der Bildung von Städten und dem starken Einfluss der Kirche auf die Rechtsprechung zusammen. Im christlichen Glauben spielen ja Buße-Tun, die anschließende Vergebung der Sünden und die Wiederaufnahme des Sünders in die Gemeinschaft eine wichtige Rolle.

Nennen Sie mal ein paar Beispiele.
Bäcker, die zu kleine Brötchen buken, wurden auf den Karren gesetzt oder in den Schlamm geworfen; Fischhändler wurden an den Pranger gestellt, wenn sie verdorbenen Fisch verkauft hatten. Ehebrecher trieb man beim sogenannten »currant nudi« nackt durch die Stadt, wobei die Frau vorangetrieben wurde. Ihre Hände wurden gefesselt, das Seil zwischen ihren Beinen durchgeführt und am Penis des Mannes hinter ihr befestigt.

Klingt ziemlich martialisch.
Zweifelsohne. Aber der Kerngedanke der Schamstrafe im Sinne des christlichen Bußgedankens des Hochmittelalters war ein milder, nämlich Reue und Vergebung. Die ursprünglich aus der kirchlichen

Bußpraxis stammenden Strafen entwickelten sich im städtischen Strafrecht des Hoch- und Spätmittelalters eigenständig weiter. Zum Beginn der Neuzeit waren sie in weiten Teilen Europas ein fester Bestandteil des Sanktionenkatalogs. In vielen Städten finden Sie noch heute sogenannte Pranger, an denen man im Mittelalter Sünder öffentlich bloßstellte.

Moralische Emotionen waren somit für einen bestimmten Zeitraum ein wichtiger Baustein, mit dem eine effektive Kooperation in Gruppen, die auf gegenseitigem Vertrauen basierten, sichergestellt werden sollte.

Wie muss man sich die Wirkung der Schand- oder Ehrenstrafen vorstellen?

Wenn jemand seine Verfehlungen aufrichtig und öffentlich bereut hatte, war die Sache gut. Der Bäcker durfte nach seiner ungemütlichen Karren-Tour in die Backstube zurückkehren, der Fischhändler an seinen Stand. Auf diese Weise erfüllten Schamstrafen gleich einen doppelten Nutzen: Dem Delinquenten wurde die Vertreibung und damit ein existentielles Risiko für Leib und Leben erspart. Seine Gemeinschaft wiederum vermied zermürbende Konflikte, langwierige Prozesse und den Verlust eines ihrer Mitglieder. Diese erzieherische, religiös motivierte Form der beschämenden Strafe wandelte sich aber im Laufe des Spätmittelalters und der Frühen Neuzeit immer mehr zu einem Ritual der Ausgrenzung und Verstoßung.

Neben dem Strafzweck der Besserung gab es natürlich parallel dazu jenen der Veröffentlichung der Tat und des Täters (»Seht her, der hier hat gestohlen, nehmt euch in Acht vor ihm!«) und der Vergeltung. Gerade beim Ehebruch kam die Frau in der Regel nicht wieder zurück zur Familie, sondern wurde in den meisten Fällen nach der Prangerstellung mit einem zumindest temporären Stadtverweis belegt. Die Strafen kumulierten sich gerade im Spätmittelalter (Pranger, Ausstreichen mit Ruten, Stadtverweis). Das war im 15. und 16. Jahrhundert eine klassische Trias.

Im 18. Jahrhundert gerieten Schand- und Ehrenstrafen bereits wieder außer Mode. Warum?
Man hielt die öffentliche Bestrafung nicht mehr für angemessen. Da spielte die Aufklärung, aber auch die Tatsache eine Rolle, dass manche Delinquenten ihre öffentliche Bestrafung als Auftritt nutzten. In England gab es prominente Fälle wie jenen des Essayisten Daniel Defoe, die den Pranger als Bühne nutzten. Motto: »Seht her, ich bin peinlich – und das ist gut so.«

Die abschreckende Wirkung nutzte sich also ab.
Deshalb ist man dazu übergegangen, Täter lieber wegzusperren. Auch Prügel- und Todesstrafen wurden zusehends hinter den Gefängnismauern vollzogen. Aber es gibt in der Neuzeit eine erstaunliche Renaissance: Aus den 1980er Jahren stammt ein Kon-

zept des australischen Kriminologen John Braithwaite: die »Reintegrative Shaming Conferences«. Braithwaite schlug vor, mit Beschämung zu strafen, indem man die Leute in ihrer Peergroup mit ihren Taten konfrontierte und auf diese Art so etwas wie Reue erzeugte. Und tatsächlich reagieren Menschen sehr empfindlich, wenn ihre Verwandten oder Freunde von ihren Taten erfahren. Bei »Reintegrative Shaming« Conferences« werden Vergehen wie alkoholisiertes Autofahren oder öffentliches Urinieren gesühnt, indem man sie vor Freunden und Kollegen des Delinquenten ausbreitet. Man hofft, dass Menschen auf diese Weise eine höhere Hemmschwelle aufbauen, als wenn man ihnen mit Gefängnis droht.

In den USA gibt es eine moderne Abwandlung: Da stellen Richter Ladendiebe mit einem Schild »Ich habe gestohlen« vor jenes Geschäft, in dem sie etwas mitgehen ließen. Oder sie lassen jemanden, der öffentlich uriniert hat, vor allen anderen die Straße schrubben.

Möglicherweise wirkt das ja in der Tat abschreckender als eine klassische Geld- oder Freiheitsstrafe. Wäre es nicht an der Zeit, Schand- und Ehrenstrafen wieder einzuführen?
Da habe ich meine Zweifel. Scham ist ein sehr mächtiges Strafwerkzeug, deshalb gibt es auch Autoren, die die öffentliche Beschämung von Umweltsündern als Mittel vorschlagen, um Menschen zu umweltbewusstem und nachhaltigem Verhalten zu bewegen.

Aber dieses Mittel kann leicht außer Kontrolle geraten. So sind die Ehrenstrafen des Spätmittelalters auch deshalb aus der Mode gekommen, weil sie häufig die gewünschte Wirkung verfehlten. Neben Scham- und Schuldgefühlen geht es, wenn man den moralischen Holzhammer bemüht, eben auch um Ausgrenzung, Erniedrigung und Wut. Statt reintegriert zu werden, waren viele Beschämte nach ihrer öffentlichen Bloßstellung auf immer stigmatisiert.

Die moralische Keule ist also eine zu gefährliche Waffe, als dass man sie flächendeckend einsetzen dürfte.
Richtig, und dazu kommt noch etwas anderes: Beschämung kann nur wirken, wenn in einer Gesellschaft gemeinsame Normen und Überzeugungen existieren, die von möglichst vielen Mitgliedern anerkannt und geteilt werden. Ich fürchte, dass diese Voraussetzung in unserer Gesellschaft nicht mehr in dem Maße gegeben ist, wie es in traditionalen Gesellschaften der Fall gewesen ist. Vielleicht sollte man statt der Strafe stärker die Möglichkeit der Belohnung in den Blick nehmen. Experimente haben gezeigt, dass Ehre noch stärker zur Kooperation motiviert als Scham.

Last but not least: Was ist Ihnen persönlich in letzter Zeit Peinliches passiert?
Ich habe einer Kollegin, die ich längere Zeit nicht gesehen hatte, eine gute Flasche Wein geschenkt. Es war allerdings eine Flasche, die sie mir ein paar Jahre

zuvor selbst geschenkt hatte, und natürlich erkannte sie sie sofort wieder. Wobei das andererseits eigentlich zeigte, dass ich mich gut in sie hineinversetzt hatte... Aber es war mir dennoch enorm unangenehm.

Dr. Jörg Wettlaufer ist Historiker und Anthropologe. Er arbeitet an der Akademie der Wissenschaften zu Göttingen.

Fallgeschichten 5:
Immer tiefer in die Sch...

Großer Auftritt

Eigentlich war ich glücklich: Endlich hatte meine Arbeit Früchte getragen! Ich war für eines meiner Werke mit einem Preis ausgezeichnet worden. Zur Preisverleihung sollte ich auf der Bühne meine Urkunde übernehmen. Weil ich lieber vor als auf der Bühne stehe, fragte ich die Veranstalter, ob ich denn unbedingt eine Rede halten müsse. Die nette Dame aus dem Orga-Team verstand mich wohl falsch und schrieb mir zurück, dass sie mit dem Moderator gesprochen habe und dass dieser mir nun extra Zeit für eine ausführliche Rede freigeschaufelt habe. Panisch antwortete ich, dass dies ein Missverständnis sei und dass ich am liebsten gar nicht auf die Bühne wolle. Die Dame antwortete, dass dies gerne berücksichtigt werde und der Moderator ein ebenso erfahrener wie feinfühliger Profi sei. Damit war ich beruhigt.

Am Abend der Preisverleihung saß ich in der ersten Reihe und lauschte mit ruhigen Puls dem Moderator. Nach dem letzten Gast bat er das Publikum um Stille und ließ den Raum bis auf einen hellen Spot auf der Bühne verdunkeln. Er erklärte, nun folge ein ganz spezieller Gast. Ich wurde unruhig. Dieser spezielle Gast habe aber leider Lampenfieber. Ich begann zu schwitzen. Dieser spezielle Gast habe aber eine ganz besondere Rede im Gepäck. Mir wurde übel. Dieser ganz besondere Gast würde sich sicher freuen, wenn das Publikum ihn nun mit einem Riesenapplaus begrüße, damit er sich traue, auf die Bühne zu kommen und diese ganz tolle Rede zu halten. Ich weiß nicht, wie ich die Stufen erklommen habe, ich weiß nur, dass diese wenigen Minuten im Rampenlicht (ich hatte natürlich keine Rede vorbereitet) definitiv die letzten meines Lebens dort gewesen sind.

S.G. (m)

* * *

Du willst es doch auch

In Ermangelung einer Kinderbetreuung war ich gezwungen, meine damals knapp dreijährige Tochter zum Einkaufen mitzunehmen. Der Lebensmitteleinkauf war noch nie meine Lieblingsbeschäftigung, und mit Kleinkind ist die Sache auch nicht leichter. Der Deal: Sie darf sich eine Sache aussuchen, während ich schnell und effektiv durch die Regale eile und die Dinge des täglichen Bedarfs in den Einkaufswagen werfe. So auch dieses Mal – bis das Kind freudestrahlend und laut »Mama!« rufend mit einer riesigen Chipstüte und einer Flasche Sekt auf mich zustolperte und brüllte: »Das brauchst du doch immer!« Schon in diesem Moment sprachen die Blicke der anderen Ladenbesucher Bände. Und dann fiel das arme, fehlernährte Kind einer sektsaufenden Mutter auch noch hin. Die Schaumweinexplosion war höchst spektakulär.

Seitdem meide ich diesen Laden wie die Pest.

G.W. (w)

* * *

Mit Promi-Faktor

Tanja Fuß

Die deutsche Modedesign-Studentin ist natürlich keine Prominente, und vermutlich würde sie auch einiges dafür geben, dass ihr Name alsbald wieder in Vergessenheit gerät. Das aber dürfte so schnell nicht passieren. Denn seit dem 15. Juni 2015 ist Fuß einem Millionenpublikum bekannt – als die erste Kandidatin in der bis dato 16-jährigen Geschichte von »Wer wird Millionär«, die es geschafft hat, schon an der allerersten Frage zu scheitern.

Diese Frage lautete: »Seit jeher haben die meisten …? A: Dober Männer, B: Cocker Spaniels, C: Schäfer Hunde, D: Riesen Schnauzer.« Richtig gewesen wäre »Schäfer Hunde«, die Aachenerin aber entschied sich für »Riesen Schnauzer«.

Damit war Fuß' Auftritt bereits nach 45 Sekunden beendet – ein weiterer Rekord in der Geschichte der Sendung. Fuß selbst hatte mit einem längeren und erfolgreicheren Auftritt gerechnet: Die Studentin hatte Pläne für eine Weltreise geschmiedet, wollte sich von ihrem Gewinn ein Auto kaufen und sich sozial engagieren.

Im Nachhinein machte sie es dann noch schlimmer, indem sie dem Moderator eine Mitschuld an ihrer Blamage gab: Günter Jauch habe sie wegen der Quote auflaufen lassen, mutmaßte sie. »Bessere Publicity, als dass eine blonde Mode-Studentin an der ersten Frage scheitert, gibt es ja wohl nicht«, sagte sie dem Magazin *Closer*. Die Häme in den Sozialen Netzwerken sei für sie »reinster Psychoterror« gewesen.

∗ ∗ ∗

Ein spezieller Platz

Ich gebe es zu, vielleicht hatte meine Sparsamkeit mein Hirn ausgeschaltet. Aber als ich mich viel zu spät um eine Theaterkarte kümmerte und bei der Online-Buchung erschrocken las, dass die letzten verfügbaren Plätze 80 Euro kosteten, wollte ich erst gar nicht mehr hingehen. Dann aber entdeckte ich, dass es auch »Rollstuhlplätze« für nur 10 Euro gab, und reservierte einen von ihnen mit einem Vermerk »Nur wenn nicht vergeben« für mich. Wenn kein Rollstuhlfahrer dieses Stück sehen wollte, nähme ich gerne diesen Platz, käme einer, gäbe ich den Platz natürlich auf, dachte ich mir.

Gewissensbisse hatte ich keine.

Der Abend kam und mit ihm die Reservierungsbestätigung. Ich hatte also Glück gehabt, dachte ich, und ging zur Abendkasse. Dort musterte man mich aufmerksam und fragte nach meinem Rollstuhl. Ich erklärte den Sachverhalt und erfuhr im Gegenzug, dass das Stück restlos ausverkauft sei und ein Rollstuhlplatz logischerweise nicht bestuhlt war.

Selbstredend spitzten die vielen Leute neben und hinter mir die Ohren und rümpften die Nasen. Mir war die Situation so unangenehm, dass ich nicht protestierte, als man mir (weil ich starr mitten im Weg stand) einen Rollstuhl unterschob und mich an den Bühnenrand rollte. Da saß ich dann mitten in einer zehnköpfigen Gruppe Rollstuhlfahrer. Ich habe mich das ganze Stück über so geschämt, dass ich dem Inhalt keine Minute folgen konnte. Am Ende der Vorstellung tat ich so, als wäre ich eingeschlafen, damit ich nicht mit dem Grüppchen reden musste. Seitdem gehe (beziehungsweise rolle) ich nicht mehr ins Theater.

F.V. (m)

* * *

Kennen wir uns nicht irgendwoher?

Hannover, Innenstadt, in einem Biomarkt. Ich schiebe meinen Einkaufswagen zwischen den Reihen durch, als ich plötzlich Gerhard Schröder, den Altkanzler, entdecke. Ich denke mir: Blöd, wenn ich nicht wenigstens mal grüße – schließlich weiß er ja, dass man ihn kennt. Nach kurzem Zögern nähere ich mich und stoße ein »Ich wollte wenigstens mal guten Tag sagen!« aus. Schröder reicht mir emotionslos die Hand. Ich realisiere, wie sehr ich mich gerade blamiere, wünsche ihm schnell einen schönen Tag und drehe ab. Ich bin mir sehr sicher, wie er jetzt über mich denkt: eine übereifrige Bürgerin, die ihn beim Einkaufen stört. Das will ich allerdings nicht auf mir sitzen lassen, finde den bedauernswerten Mann an einem anderen Regal, stürze ein zweites Mal auf ihn zu und entschuldige mich: Ich sei eigentlich gar nicht so, ich habe nur nicht gewusst, wie ich mich verhalten solle, er könne ja davon ausgehen, dass man ihn kenne, und ich wisse nicht, wie ... Hier unterbricht er mich regungslos und erwidert: »Ganz normal, gaanz normal.« Leicht irre lachend stimme ich ihm zu: »Ja, klar – ganz normal, natürlich.« Gekauft habe ich dann nichts mehr. Meinen beiden besten Freundinnen habe ich diese Geschichte erzählt und mir versprechen lassen, dass sie mich festbinden, sollte Schröder uns noch einmal über den Weg laufen. Dieses zweite Mal ist mir nämlich so peinlich, dass ich mich eigentlich ein weiteres Mal entschuldigen müsste. Ein Teufelskreis.

B.P. (w)

Was ist eigentlich Fremdscham?

Prof. Krach, was empfinden Sie als Neurobiologe, wenn Sie einem wie dem Fernseh-Büroekel Bernd Stromberg bei seinem Fettnäpfchen-Parcours zusehen?
Unterhaltung, Amüsement, aber auch ein Mitleiden ob der Peinlichkeit, mit der Bernd Stromberg durchs Büroleben stolpert. Mit anderen Worten: Fremdscham.

Sie forschen seit nahezu einem Jahrzehnt zum Thema. Wie sind Sie überhaupt auf das Phänomen Fremdscham gestoßen?
Als Neurowissenschaftler beschäftige ich mich intensiv mit Emotionen und der Frage, wie sie entstehen und auf neuronaler Ebene – das heißt: in unserem Gehirn – abgebildet werden. Auf das Thema Fremdscham bin ich 2007 gestoßen, als ich in einem wissenschaftlichen Vortrag saß und einem Kollegen zuhörte, der sich ständig und ausgiebig selbst zitierte. Es war für mich als Zuhörer geradezu unangenehm und peinlich, seiner übertriebenen Selbstreferenz zuzuhören. Da habe ich mich gefragt: Was passiert eigentlich mit mir, wenn ich stellvertretend für jemand anderen Peinlichkeit empfinde? Seitdem forsche ich gemeinsam mit meinem Kollegen Frieder Paulus intensiv an diesem Phänomen.

Was auffällt: Der Begriff »Fremdscham« taucht erst in den letzten Jahren vermehrt auf. Haben wir uns früher nicht fremdgeschämt?

Natürlich hat man das. Bereits in Goethes »Wahlverwandtschaften« wird das Schamgefühl ob des unschicklichen Verhaltens anderer beschrieben.* In der Fachliteratur tauchen in den achtziger Jahren bereits Forschungsarbeiten zum »empathic embarrassment« auf, wie es im Englischen heißt. Aber hierzulande hat der Begriff der »Fremdscham« tatsächlich erst in diesem Jahrtausend vermehrt Verwendung in der deutschen Umgangssprache gefunden.

Woher stammt der Begriff?

Ganz ehrlich: Wir wissen es nicht. Fest steht, dass er erst 2009 Eingang in den deutschen Duden fand. Damit war er sozusagen amtlich. Wir vermuten, dass die Verbreitung des Internets das Phänomen befeuert hat. Während früher Fremdscham im persönlichen Umfeld stattfand, gibt es heute dank der Digitalisierung zigmal so viel Gelegenheiten, sich wissentlich oder unbewusst vor sehr viel mehr Leuten zu blamieren. Der Hip-Hopper Jan Delay hat das 2009 in dem Lied »Überdosis Fremdscham« beschrieben.

---

* »Wenn wir mit Menschen leben, die ein zartes Gefuehl fuer das Schickliche haben, so wird es uns angst um ihretwillen, wenn etwas Ungeschicktes begegnet. So fuehle ich immer fuer und mit Charlotten, wenn jemand mit dem Stuhle schaukelt, weil sie das in den Tod nicht leiden kann.« *(Goethe, Wahlverwandtschaften)*

Darin heißt es: »Auf der Straße, inner Disco und im Fernseher / entstehn ständig unangenehme Situationen / Und nichts auf der Welt wünschst du dir so sehr / wie ne Fernbedienung oder ein Loch am Boden«. Und das trifft es eigentlich sehr gut.

Schämt man sich heute mehr als früher?
Das ist schwer zu sagen, denn Menschen schämen sich generell unterschiedlich stark. Man schämt sich heute vielleicht für andere Dinge als früher. Im Gegenzug tut man Dinge, die früher undenkbar gewesen wären. Ein Beispiel: Wer sich heute ein neues Auto kauft, stellt nicht selten erst einmal zwei Dutzend Fotos seines neuen Schlittens auf Facebook. Früher wäre eine solche Selbstinszenierung vielleicht eher peinlich gewesen.

Mit Formaten wie der Serie »Stromberg« oder »Deutschland sucht den Superstar« hat es Fremdscham zum Unterhaltungsphänomen gebracht.
Moment, das sind zwei völlig unterschiedliche Dinge. Bei der Kunstfigur »Stromberg« wird das Fremdscham-Moment ja absichtlich herbeigeführt, das ist schon etwas anderes, als wenn Sie jemandem bei einem Vortrag zuschauen müssen, der gerade seinen Hosenstall offenstehen hat und es nicht merkt. Bei »Deutschland sucht den Superstar« oder »Dschungelcamp« wiederum kommt die Schadenfreude und die Lust am Sich-über-andere-erheben hinzu. Wer sich hingegen fremdschämt, der leidet.

Und je mitfühlender ein Mensch ist, desto stärker leidet er, wenn er anderen beim Peinlichsein zusieht.

Woher wissen Sie das?
Wir haben es im Kernspintomographen untersucht. Bei unseren Experimenten haben wir Versuchspersonen Dutzende peinlicher Situationen gezeigt. Ein Beispiel: Ein Redner auf einer Veranstaltung merkt nicht, dass ihm noch Toilettenpapier vom letzten WC-Gang aus der Hose hängt. Wir baten unsere Versuchsteilnehmer, sich in die Lage der Beobachter einer solchen Situation hineinzuversetzen. Dabei beobachteten wir die Durchblutung ihres Gehirns. Im Ergebnis sehen wir eine stärkere Aktivität in jenen Hirnbereichen, die mit dem Mitfühlen von Schmerzen zu tun haben. Es sind dieselben Hirnregionen, die beispielsweise anspringen, wenn man ansehen muss, wie jemand beim Sport mit dem Fuß umknickt.

Man sagt ja auch angesichts peinlicher Situationen oder Personen: Es tut weh, das mit ansehen zu müssen.
Das Gefühl selbsterlebter Peinlichkeit lässt sich konzeptionell in der Tat mit körperlichen Schmerzen vergleichen. Ähnlich wie körperliche Schmerzen ein Signal für die Gefährdung der körperlichen Unversehrtheit darstellen, weil wir uns beispielsweise in den Finger geschnitten haben, signalisiert das Gefühl der Peinlichkeit eine Gefährdung unserer sozialen Unversehrtheit.

Kann man sich fremdschämen für eine Person, die man überhaupt nicht kennt?

Natürlich. Wir können uns ja in die Lage einer anderen Person versetzen, ohne sie je gesehen zu haben. Dafür müssen wir uns in der Regel nicht groß anstrengen. So können wir dann an unserem eigenen Leib erfahren, wie sich die peinlichen Momente, auch unbekannter Personen, anfühlen müssen. Wenn sich Freunde allerdings peinlich verhalten, kommen Prozesse ins Spiel, die mit Selbstreflexion zu tun haben. Das schließen wir auch aus der Aktivität bestimmter Gehirnregionen, die stark damit assoziiert sind. Da schwappt die Situation sozusagen auf einen über, und man fragt sich selbstkritisch: Was sagt es über mich aus, dass ich mit einer Person befreundet bin, die sich so peinlich verhält?

Nachdem Sie die Fremdscham anderer erforschen: Was war ihr letztes persönliches Fremdscham-Erlebnis?

Ich stand mit einer Freundin vor der Eisdiele, als ein knallgelber Ferrari vorfuhr und direkt vor der Eisdiele parkte. Der Fahrer stieg aus, ließ den Motor laufen und hat dann, beim Wegfahren, auch noch mal kräftig auf das Gas gedrückt. Für den Fahrer, der sich ein Eis holte, habe ich mich fremdgeschämt, weil klar war: Hier will einer demonstrativ vorzeigen, was er so hat. Einem kleinen Jungen war das egal, er sagte nur: »Guck mal, so ein schöner Wagen«, und sprach damit laut aus, was der Besitzer hören wollte.

Prof. Sören Krach ist Leiter des Labors für soziale Neurowissenschaften an der Klinik für Psychiatrie und Psychotherapie in Lübeck. Er gilt zusammen mit seinen Lübecker Kolleginnen und Kollegen als einer der führenden Experten zum Thema Fremdscham.

Fallgeschichten 6:
Ein Fall für Fremdscham

Bevor der Hahn kräht ...

Meinem 14-jährigen Sohn ist momentan nichts peinlicher, als mit seinen Eltern gesehen zu werden. Manchmal lässt es sich aber nicht vermeiden. Neulich radelte ich morgens die Straße entlang, als mir mein Sohn mit einem Trupp neuer Kumpels entgegenkam. Ich hatte die Truppe gerade freundlich grüßend passiert, als ich ihn zu seinen Freunden sagen hörte: »Das war mein Onkel.« Unwillkürlich musste ich an das denken, was Jesus beim Abendmahl zu Petrus gesagt hatte: »Bevor der Hahn kräht, wirst du mich dreimal verleugnet haben.«

E.R. (m)

* * *

Knöllchen

München, Leopoldstraße, ich bringe mit meinem VW ein nettes Mädchen nach Hause und halte vor ihrer Haustür. Dummerweise gilt dort Halteverbot. Wir sitzen noch im Auto und unterhalten uns ein paar Minuten, als sich ein Polizist nähert und mein Kennzeichen notiert. Als ich dessen gewahr werde, steige ich sofort aus und fange an, mit ihm zu diskutieren, wie ich das bei »Knöllchen« immer versuche.

Inzwischen steigt meine Begleiterin aus, gibt dem Polizisten rasch die geforderten 5 Mark und verabschiedet sich wortlos. Und ich stehe da, peinlich berührt und beschämt.

H.B. (m)

✳ ✳ ✳

Nichts für schwache Nerven!

Mein Mann hatte sich den Kopf angeschlagen. Seine Wunde blutete stark, daher fuhren wir mit ihm, so schnell es ging, ins Krankenhaus. Ich kannte mich dort noch gut aus, denn erst einen Monat zuvor hatte ich im selben Spital unseren Sohn zur Welt gebracht. In der Notaufnahme wollte ich meinem Mann bei der Untersuchung beistehen und ihm ins Behandlungszimmer folgen, aber der Arzt herrschte mich an, ich solle gefälligst draußen warten. Vom Ton des Arztes erschrocken, ließ ich ihn gehen und setzte mich auf eine Besucherbank. Zu meinem Mann gewandt sagte der Arzt derweil, er wolle mir, der schwangeren Ehefrau, das viele Blut ersparen. Äh ja, ich war einfach nur fett. Nicht mehr schwanger.

M.-C. T. (w)

✳ ✳ ✳

Mit Promi-Faktor

Susan Atwell

Die PRO-7-Moderatorin war für die Filmfestspiele in Cannes, in deren Jury in diesem Jahr neben anderen die Regie-Legende Francis Ford Coppola saß. Atwells Aufgabe bestand darin, bei einer Charity-Veranstaltung die Prominenten zu befragen, die sich über den roten Teppich in den Veranstaltungsraum bewegten. Ihr Thema: die Garderobe der Gäste. »Da ich nicht der Typ bin, der so wahnsinnig gerne sehr aufdringlich ist, war das für mich eine sehr große Herausforderung«, erzählt Atwell in »War das peinlich … Prominente erzählen«.

Die Herausforderung war umso größer, als vor dem roten Teppich ein Wahnsinnsgedränge von Dutzenden TV-Teams, Reportern und Kameraleuten herrschte und Atwell gar nicht zum Zuge kam. Ihr Kameramann kannte aber einen der Security-Leute und sagte kurzerhand: »Du, komm, ich kenn den, da gehen wir jetzt hin.« Und so schritt Atwell tatsächlich über den roten Teppich, der Security-Mann drückte beide Augen zu, und die Moderatorin bekam tatsächlich noch ein kurzes Interview mit dem Model Nadja Auermann.

Dann entdeckte sie einen vollbärtigen älteren Herrn in einem alten Smoking, mit schiefsitzender Fliege und breitgelatschten Schuhen: Francis Ford Coppola, den Regisseur des legendären Mafiafilms »Der Pate«. »An dem war nichts schick, geschweige denn in irgendeiner Form stilvoll, aber ich musste da durch. Also fragte ich ihn.«

Coppola habe sie ziemlich ratlos angeschaut und nur geantwortet: »Was soll das jetzt hier alles?« Sie sei von einem deutschen Entertainment-Magazin und wolle gern wissen, was er so trage, erwiderte Atwell. Nachdem Coppola erklärt hatte, dass er Anzug und Schuhe in Italien anfertigen lasse, gingen Atwell die Fragen aus. Ihr Kameramann half aus und schlug ihr vor: »Frag ihn, wann er den zweiten Teil vom Paten dreht.« Und genau das tat Atwell.

Was sie nicht wusste (aber möglicherweise hätte wissen sollen): Den zweiten Teil der weltbekannten »Paten«-Trilogie hatte Coppola bereits vor rund zwei Jahrzehnten gedreht. Atwell: »Coppola drehte sich nur um und ging weg! Mit Recht.«

∗ ∗ ∗

Um die Ecke gedacht

Es heißt ja, man könne am Tanzstil erkennen, wie ein Mensch im Bett ist. Mein Freund aber tanzt so, als wäre er in den 80er Jahren hängengeblieben, irgendwie eckig, die Knie aneinandergepresst, die Arme zappelnd. Während ich mich einerseits freue, dass er überhaupt tanzt, habe ich auch schon mitbekommen, dass andere über ihn kichern. Mir ist das doppelt unangenehm. Denn vermutlich denken sie in dem Moment, wir hätten eckigen Sex.

S.K. (w)

* * *

Schwule Kicker

Als ich meine erste Freundin kennenlernte, war sie 17, kam aus Österreich und kannte sich noch nicht mit allen Themen so richtig gut aus. Als ich sie einmal fragte, ob sie wisse, wer Rosa Luxemburg sei, antwortete sie unsicher: »Ein Fußballclub?«

L.U. (m)

* * *

Papa Paparazzo

Ich war in den 70er Jahren mit meinen Eltern im Urlaub an der Loire. Als wir das pompöse Wasserschloss Chenonceau besichtigten und durch den gewaltigen Innenhof schlenderten, fingen meine Eltern plötzlich an zu tuscheln und ziemlich auffällig auf eine andere Besucherin zu deuten. Es war Romy Schneider, die sich gerade zusammen mit einem Begleiter ebenfalls das Schloss ansah.

Mein Vater, der nie große Hemmungen hatte, wenn es um die Sicherung eines Vorteils ging, zögerte keine Sekunde, sondern griff zur Kamera, die an einem Lederriemen um seinen Hals baumelte, stürzte auf Romy Schneider zu und begann – leicht in die Knie gehend, um einen besseren Bildwinkel zu haben – die Schauspielerin wie ein Paparazzo abzuschießen. Es war so peinlich.

Noch peinlicher aber war, was dann mit meinem Vater geschah: Schneiders Begleiter griff zu seinem

137

Regenschirm und prügelte, wütende Beschimpfungen auf Französisch ausstoßend, auf meinen Vater ein wie auf einen räudigen Hund, den man sich mit Gewalt vom Leibe zu halten versucht. Und das Schlimmste war: Ich konnte seine Reaktion absolut verstehen. Auch wenn ich den Begriff Fremdscham damals noch nicht kannte, war es genau das, was ich in diesem Moment für meinen Vater empfand.

G.D. (w)

* * *

Zwei Karten, bitte!

Als Studentin arbeitete ich an der Kasse eines Hamburger Konzertveranstalters, wo Leute ihre Musicalkarten kauften. Die Kunden kamen aus allen Ecken der Republik und den unterschiedlichsten Schichten der Gesellschaft. Manche waren offensichtlich der englischen Sprache nicht mächtig, was eigentlich nichts ausmacht, denn die Musicals werden ja in deutscher Sprache gespielt. Beim Ticketverkauf aber war dieser Umstand mitunter sehr hinderlich, wenn ich die Kunden nicht wirklich verstehen konnte. Am schwierigsten war ein – dem Akzent nach: ostdeutscher – Kunde, der mir ungerührt erklärte, dass er Karten für »Vier-Zwei-Enn-Dee-Street« haben wollte. Trotz mehrfacher Nachfrage verstand ich nicht, was er meinte. Ich bat ihn um einen Moment Geduld, drückte die Stumm-Taste, tippte die Kollegin neben mir an und wiederholte, was der Anrufer gesagt hatte.

Meine Kollegin verstand sofort. Sie konnte sich vor

Lachen kaum halten und übersetzte mir prustend, was der Anrufer von mir wünschte: »Er will zwei Karten für 42nd *street*.«

M.S. (w)

Wofür wir uns fremdschämen

- Jedes Mal, wenn im Fernsehen/Kino zwei Charaktere einander starke Gefühle »gestehen«.

- Wenn mein Chef mal wieder völlig ohne Eloquenz einen Vortrag vor wichtigen Personen hält – und die Zuschauer merklich gelangweilt sind.

- Mit einem Freund im Kino – und er kommentiert den ganzen Film lautstark.

- Bridget Jones.

- Dafür, dass mein Vater keine Schneidezähne hat (und keine Prothese trägt).

- Wenn jemand, den ich gut kenne, in größerer Runde Witze macht, die niemand lustig findet.

- Besoffene deutsche Touristen im Ausland. Oder Deutsche, die ohnehin lächerliche Preise noch weiter herunterhandeln wollen.

- Übertriebene Fürsorglichkeit meiner Eltern vor anderen (z. B. vor meinen Freundinnen).

- Für meinen Vater, wenn er im angetrunkenen Zustand Komplettlebenslösungen präsentiert. Für meine Oma, die auf einer Familienfeier ihr Gebiss mit jemand anderem tauschen wollte.

- Für die Knausrigkeit einer Freundin, die statt einer Apfelsaftschorle den Apfelsaft und das Wasser getrennt bestellt, weil das Getränk so 10 Cent billiger ist. Für dieselbe Freundin, weil sie kein Trinkgeld gibt.

- Für jede TV-Show mit Dieter Bohlen.

- Bekannte, die ihre Menstruation haben und offen darüber reden.

- Ein Paar, das sich auf einer Familienfeier so extrem befummelte, dass es entweder ins Schlafzimmer oder in einen Pornofilm gehörte.

- Jedes Mal, wenn wir mit Freunden aus dem Ausland unterwegs sind: für das Englisch meines Freundes.

Quelle: Arbeitsgruppe für soziale Neurowissenschaften, Universität zu Lübeck. Ergebnisse einer Online-Umfrage unter mehreren Hundert Teilnehmern.

Fallgeschichten 7:
Tücken der Technik

Glatte Lösung

Kein Rasierzeug dabei! Und das ausgerechnet vor einer wichtigen Branchenmesse, bei der ich viele Kunden treffen sollte. Als ich an diesem Morgen im Bad meiner Freundin nach Ersatz suchte, fiel mein Blick auf ihre Enthaarungscreme. Kein Mensch hat mir je erklärt, dass das Teufelszeug zwar für Beine, keinesfalls aber für zarte Gesichtshaut geeignet ist! Das merkte ich allerdings sofort. Trotz sofortigen Abwaschens brannte es wie Hölle. Auf der Messe und in den folgenden vier Wochen sah ich aus, als wäre ich mit dem Gesicht voran in einen Bunsenbrenner gefallen. Statt der Enthaarungscreme nutzte ich in dieser Zeit intensiv ein anderes Kosmetikprodukt meiner Freundin: ihre Abdeckcreme.

C.S. (m)

✳ ✳ ✳

Dringendes Bedürfnis

Unterwegs mit dem ICE, musste eine Freundin die Zugtoilette aufsuchen. Das WC in ihrem Waggon war eines für Rollstuhlfahrer, bei denen sich per Knopfdruck ganz langsam eine elektronisch bewegte Tür öffnet und schließt. Meine Freundin trat ein, betätigte von innen den roten Knopf für »Schließen« und setzte sich aufs WC.

Was sie übersehen hatte: An den Türen der rollstuhlgerechten WCs in der Deutschen Bahn gibt es neben dem Knopf fürs »Schließen« noch einen weiteren mit einem roten Schlüsselsymbol, das für »Verriegeln« steht. Dummerweise hatte, während meine Freundin ihr Geschäft verrichtete, sich draußen ein weiterer Fahrgast den Weg zum WC gebahnt und von außen auf »Öffnen« gedrückt. Schreckstarr bemerkte meine Freundin, wie sich langsam die WC-Tür öffnete und ein halbes Dutzend Fahrgäste, die vor der WC-Tür aufs Aussteigen warteten, die auf dem Klo Sitzende anstarrte. Zwar realisierte der zweite WC-Gänger relativ schnell, was passiert war, und hämmerte auf den »Schließen«-Knopf ein, aber diese Türen reagieren nun einmal quälend langsam …

S.Y. (w)

✳ ✳ ✳

Vertraulich

In den Anfangsjahren unserer Firma arbeiteten wir drei Partner noch von unseren jeweiligen Wohnorten Hamburg, Berlin und München aus. Es wurde also ständig und in unterschiedlichsten Verteilern miteinander gemailt. Weil unser Produkt ziemlich schnell sehr gefragt war, konnten wir außerdem ein schnell wachsendes Netzwerk von Importeuren in den europäischen Nachbarländern aufbauen, das wir ebenfalls beständig mit

Informationen versorgten. Eigentlich waren wir mit der Entwicklung sehr zufrieden. Einzige Ausnahmen: Es war eine sehr hektische Zeit mit Hunderten E-Mails am Tag. Und: Unser Zürcher Importeur entpuppte sich leider zusehends als unfähig. Aus der Schweiz kam wenig, und wenn, dann waren es Probleme.

Weil wir mit ihm aber einen langfristigen Vertrag geschlossen hatten, den wir nicht ohne triftigen Grund kündigen konnten, mussten wir ihn irgendwie auf anderen Wegen loswerden. Wir drei Partner mailten also eifrig Ideen hin und her, wie wir es so aussehen lassen konnten, dass unsere Trennung sein Verschulden sei. Es war garstig, aber aus unserer Sicht unausweichlich.

Während wir noch schmutzige Vorschläge hin- und hermailten (Ihm angebliche Kundenbeschwerden vorhalten? Seine Spesenabrechnungen anzweifeln?), entdeckte ich in all dem Mailwust eine Nachricht von unserem Zürcher Geschäftspartner. Sie bestand nur aus einem einzigen Satz:

»Herzlichen Dank für Eure aufschlussreiche Mail.«

Was gemeint war, verstand ich sofort, als ich weiter nach unten scrollte: Einer meiner Partner hatte unseren gesamten Mail-Verkehr versehentlich an unseren Züricher Partner weitergeleitet (Später, als wir zu rekonstruieren versuchten, was geschehen war, stellten wir fest, dass offenbar sein Mailprogramm ihm diesen zusätzlichen Empfänger vorgeschlagen und er ohne nachzudenken auf »Senden« gedrückt hatte).

Daraufhin kam es natürlich tatsächlich zur Trennung. Sie wurde ziemlich hässlich. Und für uns sehr teuer.

S.G. (m)

***

Ein rabenschwarzer Tag

Ich hatte gerade die Schule hinter mir, als ich mir ein Herz fasste und auf dem Abiball endlich das Mädchen ansprach, das ich schon seit Ewigkeiten heimlich anhimmelte. Und ich hatte Glück! Meinen Vorschlag, jetzt, wo man sich vermutlich länger nicht mehr sehen werde, doch mal gemeinsam Essen zu gehen, fand sie okay.

Ich buchte uns also einen Tisch im besten Restaurant, das unsere Kleinstadt zu bieten hatte. Und natürlich wollte ich dort auch angemessen auflaufen. Ein schickes weißes Hemd besaß ich, aber in meinem Kleiderschrank lagen nur Blue Jeans. Das ging gar nicht.

Also lief ich am Tag vor unserem Date zur Drogerie und kaufte mir Salz und Färbemittel. Schwarz. Zusammen mit einer meiner besten Jeans stopfte ich das Färbemittel in die Waschmaschine – genau so, wie es auf dem Beipackzettel des Färbesalzes erklärt wurde. Dummerweise verstopften Jeans und Färbesalz irgendwie die Waschmaschine, so dass mir, als ich die Maschine öffnete, eine schwarze Brühe entgegenlief.

Hektisch wischte ich die Pampe auf, wrang die Jeans aus und hängte sie zum Trocknen im Garten auf. Glücklicherweise wurde sie zum nächsten Tag noch rechtzeitig trocken. Sie war tiefschwarz, genau wie ich es mir gewünscht hatte. Meine Hände, mit denen ich die Pampe aufgewischt hatte, leider auch. So sehr ich auch schrubbte und seifte: Ich sah aus, als trüge ich zwei grauschwarze Handschuhe über den Fingern. Es war nichts zu machen.

Absagen wollte ich unser Date aber auch nicht, also habe ich meine Bekannte schön mit hinter dem Rücken verschränkten Armen begrüßt. Während des Essens hielt ich die Hände weitgehend unterm Tisch und holte sie nur hektisch hoch, um hastig einen Schluck zu trinken oder mir Besteck zu greifen und Essen in den Mund zu stopfen, bevor ich sie wieder unter der Tischplatte versteckte.

Vermutlich wirkte ich bei alldem wenig souverän. Vielleicht war ich auch einfach nicht ihr Typ. Jedenfalls wurde es ein sehr kurzes Dinner mit einer knappen Verabschiedung. Ohne Händeschütteln.

U.M. (m)

✳ ✳ ✳

Private Einblicke

Vermutlich ist jedem schon mal Ähnliches passiert: Man klickt eine Datei auf seinem Desktop an, um sie zu öffnen. Weil man vorher aber versehentlich alle Dateien markiert hat, öffnen sie sich plötzlich nacheinander alle. Die muss man dann mühsam alle einzeln schließen.

Das ist nervig, wenn man allein vor dem Bildschirm sitzt. Es ist ärgerlich, wenn man zusammen mit anderen am Computer ist, um sich gemeinsam Fotos anzuschauen. Und es ist bodenlos, wenn dabei etwas ganz anderes passiert als geplant.

So war es, als wir uns mit einem befreundeten Pärchen trafen, um uns ihre Urlaubsfotos anzuschauen. Die beiden hatten ein bisschen etwas zu Essen vorbereitet, wir tranken, aßen und unterhielten uns eine

Weile, bevor sie vorschlugen, jetzt mit den Bildern ihrer Afrika-Rundreise zu beginnen.

Wir gingen hinüber zum Sofa und machten es uns bequem, während der Hausherr sein iPad holte, den Foto-Ordner anklickte, um die Diashow zu starten. Dummerweise muss er dabei irgendwie den falschen Ordner aktiviert haben, jedenfalls öffneten sich zig Fotos, die unsere Freunde von sich aufgenommen hatten. Aber nicht im Urlaub, sondern daheim, im Schlafzimmer, beim Sex. Eines nach dem anderen poppte vor unseren Augen auf, während unser Freund erst nervös, dann verzweifelt versuchte, den Bilderreigen zu stoppen. Vergeblich natürlich.

Schließlich warf er das iPad mit dem Bildschirm hinter sich. Entschuldigte sich mit hochrotem Kopf. Seine Freundin brach in Tränen aus. Wir sind dann bald gegangen.

Dabei fand ich das Missgeschick gar nicht so schlimm: Auf diese Weise haben wir unsere Freunde einmal aus einer Position gesehen, wie wir sie noch gar nicht kannten. Und die Bilder waren gar nicht mal schlecht.

S.S. (m)

* * *

Eigentlich ganz einfach

Er war nagelneu, er hatte sogar noch diesen Geruch von Kunststoff und Plastik, und trotzdem wollte er partout nicht drucken. Ich hatte den neuen Drucker im Home Office ausgepackt, angeschlossen und dann auf meinem Laptop ein paar Testdrucke gestartet. Aber an-

statt dass aus dem Drucker bedrucktes Papier heraus-
kam (ich hatte mich natürlich mehrfach vergewissert,
dass ich auch wirklich Papier eingelegt hatte! Und, ja,
auch den korrekten Sitz der Tonerpatrone hatte ich
mehrfach kontrolliert), wurde nur auf meinem Laptop
die Drucker-Warteliste immer länger.

Schließlich riss mir der Geduldsfaden. Ich rief den
lokalen Apple-Support-Service an, der zwar horrende
140 Euro pro Servicestunde verlangt, aber bislang stets
eine Lösung für unsere Computerprobleme gefunden
hatte. Glücklicherweise hatte einer der jungen Kollegen
spontan Zeit und kam vorbei.

Er blieb auch ganz ruhig, während ich ihm wortreich
meine Wut auf den Drucker, den Computer, die verdammte WLAN-Technik, die sowieso nicht funktioniert, und diesen ganzen Digitalisierungsscheiß schilderte. Er inspizierte derweil ganz ruhig meinen Laptop,
dann den neuen Drucker. Schließlich sagte er völlig
tonlos: »Sie müssen den Drucker bitte auch einschalten.
Dann sollte er funktionieren.«

O.S. (m)

✳ ✳ ✳

Mit Promi-Faktor

Sue Evan-Jones

Nach 1.800 Fahrstunden, die sie über einen Zeitraum
von 27 Jahren hinweg absolviert hatte, ging die Britin
als (bislang) erfolgloseste Fahrschülerin aller Zeiten
in die Geschichte ein. Als Mrs. Evan-Jones, die in

Bistol lebt, schließlich im Februar 1997 ihren Führerschein bestand, hatte sie umgerechnet 23.000 Euro in ihre Fahrerlaubnis investiert, einen Kurs in Hypnotherapie eingerechnet.

Auf dem Weg dorthin hatte sie zehn Fahrlehrer verschlissen und »den Überblick darüber verloren, wie oft diese sie angefleht hatten, den Wagen anzuhalten«, schreibt Stephen Pile in seiner Missgeschicks-Monographie »Dumm gelaufen statt gut gegangen«.

Ebenfalls bemerkenswert: Während der ganzen 27 Jahre hatte Mrs. Evan-Jones nur ganze drei Mal den Mut aufgebracht, sich zur Fahrprüfung anzumelden. Bei ihrer ersten pflügte sie, nachdem sie – der Klassiker! – Kupplung und Bremse verwechselt hatte, durch eine abgesperrte Baustelle. Bei ihrem zweiten Prüfungsversuch schnitt sie einen Polizeiwagen, der gerade versuchte, sie mit Blaulicht zu überholen. Ihr Glück war schließlich Nick George, ein Fahrlehrer, der einen persönlichen Ehrgeiz entwickelte, sie durch die Prüfung zu bringen, und ihr ein Jahr lang jede Woche vier Gratisstunden erteilte. Dann klappte es.

Darüber, ob Mrs. Evan-Jones seither unfallfrei auf den Straßen unterwegs ist, ist nichts bekannt.

***

Bleibende Erinnerung

Es gibt viele Strategien, um als zugezogener Teenager Freunde in der neuen Stadt zu finden. Sport kann da sicher nicht schaden, dachten sich meine Eltern, und meldeten mich zur Ski-Freizeit meiner neuen Schule an. Leider verfolgte ich zur selben Zeit die Strategie, den Mitschülern mit waghalsigen Aktionen zu imponieren, und so fuhr ich am ersten Morgen des ersten Tages mit dem Haus-Schlepplift so weit aus der Spur, dass das schwere Drahtseil aus der Führung sprang. Die Anlage wurde sofort abgeschaltet, musste teuer repariert werden und blieb während des ganzen Ausflugs außer Betrieb. In der folgenden Woche hatte ich viel Gelegenheit, meine neuen »Freunde« kennenzulernen, während sie jeden Morgen fluchend mit ihren Brettern auf den Schultern eine halbe Stunde bergauf stapfen mussten. Meinetwegen.

H.F. (m)

* * *

Doppelbehandlung

Als unsere Tochter noch ein Baby war, hatte sie gleichzeitig einen heftigen Husten und – vermutlich von den vielen Vitaminsäften, die wir ihr verabreichten – einen wunden Hintern. Beides behandelten wir natürlich fachgerecht und liebevoll.

An diesem Tag hatte ich es ziemlich eilig, weil ich mit ihr zu meinen Eltern fahren wollte und ohnehin zu spät dran war. Ich weckte unsere Tochter also aus ihrem Mittagsschlaf, wechselte ihr schnell noch die Windel, cremte sie an Po und Brust ein, griff unser Gepäck, setzte sie in den Kindersitz unseres Autos und raste los.

Die Fahrt zu den Eltern war die Hölle. Eigentlich genoss unsere Tochter immer das Autofahren, aber an diesem Tag schrie sie aus Leibeskräften und war selbst mit Schnuller nicht zu beruhigen. Es war nichts zu machen. Ich dachte erst, ihre Erkältung habe sich so verschlechtert, dass sie gar keine Luft mehr bekam. Als ich bei meinen Eltern angekommen war, sie ein weiteres Mal wickelte und sah, dass ihr Hintern knallrot wie ein Pavianpo war, begriff ich, was wirklich passiert war:

In der Hektik vor der Abfahrt hatte ich ihre beiden Salben verwechselt und die Brust mit milder Zinksalbe eingecremt, ihren wunden Hintern aber mit der brennend scharfen Eukalyptuscreme. Und auf dieser hatte das arme Würstchen die ganze Autofahrt gesessen. Das war mir enorm peinlich gegenüber meiner Tochter – obwohl sie noch gar nicht wusste, was das bedeutete.

O.S. (m)

* * *

Rachenputzer

Eine verdammte Erkältung. Dazu noch diese Bronchitis. Nachts war es so schlimm, dass ich kaum schlafen konnte. Übernächtigt tapste ich ins Badezimmer, wo ich, um meine Frau nicht zu wecken, im Dunkeln nach der Flasche mit Hustensaft fingerte und einen ordentlichen Schluck aus der Pulle nahm.

Es war aber kein Hustensaft, sondern der Fichtennadel-Badezusatz meiner Frau. Und mein Gepruste und Gehuste hat meine Frau dann doch ziemlich unsanft geweckt.

U.M. (m)

* * *

Damenprogramm

Ich hatte meine neue Mikrofaserunterwäsche an und, um die Wäsche zu schonen, eine Slipeinlage eingeklebt. Dann ging ich zur Arbeit – ich bin Bäckereifachverkäuferin. Während des Bedienens einer Kundin schaute ich an mir herunter, und da klebte die Slipeinlage auf meinem Schuh! Ich kann nur hofffen, dass ich die erste war, die den Fauxpas bemerkt hat. Gesagt hatte mir jedenfalls niemand etwas!

S.P. (w)

* * *

Bitte beachten Sie die Bedienungsanleitung

Meine Schwester und ich waren in einem Sportgeschäft, um Hand-Protektoren zum Inline-Skaten anzuprobieren. Zu diesem Zeitpunkt war ich – anders als heute – überhaupt nicht von der Nützlichkeit einer solchen Schutzausrüstung überzeugt, sondern nur meiner Schwester zu Gefallen mitgekommen.

Beim Anprobieren fand ich denn auch, dass die Protektoren die Hände in eine unmögliche Position zwingen. Ich sagte »Guck mal, wie die Schiene hier verläuft, wenn ich so hinfalle, breche ich mir doch erst recht das Handgelenk!« Zuvor hatte ich mich schon darüber aufgeregt, dass bei diesen Artikeln aus asiatischer Produktion sogar links und rechts falsch ausgezeichnet waren. »Die Chinesen haben es halt nicht so mit dem L und dem R, haha …«

Nachdem wir noch eine Weile weitergemeckert hatten, konnte eine Verkäuferin es wohl nicht mehr mit ansehen. Sie kam zu uns und sagte: »Entschuldigen Sie, aber Sie haben die Protektoren verkehrt herum angezogen.«

A.B. (w)

Warum sind Prominente peinlicher als wir?

Wer einschlägige Websites und Magazine liest, gewinnt zwangsläufig den Eindruck, unter Prominenten seien sehr viel mehr peinliche Charaktere als unter Normalbürgern. Stimmt oder täuscht das?

Der Eindruck entsteht, weil das Geschäft mit der Prominenz zunehmend aus der Produktion von Peinlichkeiten besteht. Vor allem B- und C-Promis drängen darauf, regelmäßig in den Medien präsent zu sein, um ihren Status zu halten oder noch bekannter zu werden. Da aber kein Mensch wöchentlich oder gar täglich mit einer besonderen Leistung oder interessanten Geschichte glänzen kann, wird das allzu Private inszeniert: Liebschaften und Rosenkriege, Alkohol- und Drogenexzesse, die eigenen Kinder und Haustiere – Blödheiten aller Art. Die Medien und das Publikum lieben das. Daher gibt es auch TV-Formate wie das »Dschungel-Camp« oder »Promi-Dinner«, die allein darauf beruhen, dass abgehalfterte Stars und Sternchen sowie solche, die das noch werden wollen, sich blamieren.

Andererseits klagen viele Prominente, ihnen seien der Rummel um ihre Person und die ständige Verfolgung durch Paparazzi lästig.

Dieses Gejammer sollte man nicht allzu ernst nehmen. Wer will, kann sich durchaus vor solchen Nachstellungen schützen. Denken Sie nur an Stefan Raab: Der machte sich zwar in seinen Sendungen gern zum Affen und ließ sich etwa von der Boxerin Regina Halmich grün und blau prügeln. Doch die Bedingungen solcher schmerzhafter Selbstinszenierungen kontrollierte er selbst. Raab käme nie auf die Idee, sich Boulevardjournalisten in einer Weise auszuliefern, wie das die Medienopfer tun, über die er sich gern lustig machte. Auch Günther Jauch schirmt sein Privatleben konsequent von der Öffentlichkeit ab. Wer sich dagegen auf das Spiel mit dem Boulevard einlässt – im Juristendeutsch heißt das Selbstbegebung –, darf sich über die Folgen nicht beschweren.

Nennen Sie mal ein Beispiel.
Der Moderator Rudi Carrell und seine Frau verlangten von einem Boulevardblatt Schmerzensgeld, weil es über eine angebliche Ehekrise berichtet hatte. In der Berufungsverhandlung, in der ihr Anspruch abgewiesen wurde, mussten sie sich vom Richter belehren lassen: »Wenn es um die Selbstdarstellung des Klägers geht, so nimmt dieser kein Blatt vor den Mund.« Die Carrells breiteten eine Vielzahl von privaten und »sogar intimsten« Angelegenheiten öffentlich aus. Deshalb, so das Urteil, müssten sie auch damit leben, dass über ihr Privatleben in einer Weise berichtet werde, die ihnen nicht behage.

Nachdem Sie sich eingehend mit Prominenten beschäftigt haben: Welchen finden Sie selbst besonders peinlich?

Schwer erträglich ist für mich der Typus der Betroffenheitsguste. Er wird unter anderem von Margot Käßmann – der Margarete Schreinemakers des Protestantismus – und der Grünen Claudia Roth verkörpert. Diese Frauen sind von allem und jedem betroffen, besonders von der eigenen Betroffenheit. Mein Lieblingszitat von Roth aus einem Fernsehinterview lautet: »Türkei ist für mich zweite Heimat. Ich mache seit zwanzig Jahren Türkeipolitik. Das ist viele Jahre. Und ich liebe die Menschen in der Türkei, und ich liebe die Konflikte in der Türkei.«

Geht es noch blamabler?

Besonders unangenehm finde ich sogenannte Charity Ladys wie Ute-Henriette Ohoven. Sie nutzen eine perfide Methode, um auf sich aufmerksam zu machen: Der gute Zweck – ein paar Euros für arme Kinder, Tiere oder die Darmkrebsvorsorge sammeln – dient ihnen als Vorwand, um mit Gleichgesinnten ordentlich einen draufzumachen und dazu die Presse einzuladen. Hinterher freuen sie sich über die schönen Fotos und schmachtenden Artikel in den Klatschblättern. Dort ist dann bezeichnenderweise mehr über die Outfits zu lesen als über den angeblichen Sinn der Veranstaltung. Einen hohen Nervfaktor hat auch der in den Medien dauerpräsente Experte. Seine Motto ist: Ich habe auch keine

Ahnung, tue aber so. Der Bedarf an solchen Figuren ist groß, weil Journalisten sich scheuen, Phänomene selbst einzuordnen oder Schlüsse zu ziehen – und seien sie noch so naheliegend. Experten wie der stets sendebereite und komplett schmerzfreie Medienpsychologe Jo Groebel springen gern in die Bresche. Einen seiner tollsten Tipps gab er den Hauptstädtern via *Berliner Morgenpost* anlässlich eines Streiks bei Bus und Bahn: »Bei extrem wichtigen Terminen, wo es um substantielle Dinge wie zum Beispiel um Vertragsunterzeichnungen geht, gilt: Die An- und Abfahrten sollte man nicht in letzter Sekunde planen.«

Es ist ja auch unfair: Jeder Normalsterbliche stolpert mal. Aber wenn Jennifer Lawrence es tut (wie bei der Oscar-Verleihung), schauen ihr Millionen Menschen zu. Wenn Dieter Bohlen sich beim Sex verletzt, kann er seinen Unfall am nächsten Tag auf der Titelseite der BILD-Zeitung nachlesen.

Das allermeiste, was über Prominente berichtet wird – auch solche peinlichen Episoden –, ist inszeniert und folgt geschäftlichen Interessen. Dass diese Leute in der Öffentlichkeit etwas Bemerkenswertes tun, ohne von PR-Leuten beziehungsweise der Presse dazu aufgefordert worden zu sein, kommt eher selten vor – und wird dann auch entsprechend gewürdigt. So konnten Journalisten rund um den Globus ihr Glück kaum fassen, als bekannt wurde, dass der französische Schauspieler Gerard Depardieu in ein Flugzeug uriniert hatte.

Ein peinlicher Sonderfall sind unfreiwillig Prominente wie die »Maschendraht«-Zitatgeberin Regina Zindler. Sollte man, wenn man Peinlichkeit vermeiden will, am besten gar nicht mit Medien sprechen?

Vorsicht im Umgang mit Medien ist generell zu empfehlen. Das gilt auch und gerade für die sozialen Medien. Dort tummeln sich ja Millionen Möchtegern-Promis, die ihren etablierten Vorbildern in jeder Beziehung nacheifern. Sie buhlen unentwegt um Aufmerksamkeit: Find mich gut! Weil sie aber weder etwas Aufregendes erleben noch etwas Kluges mitzuteilen haben, sondern sie am laufenden Band Banalitäten ab – von der Mitteilung über die jüngste Mahlzeit bis zum nächsten Urlaubsziel, von der Meinung zum Fernsehprogramm bis zum Video mit putzigen Kapriolen des Haustieres. Womit man früher nur den Lebenspartner oder Frisör volltexten konnte, kann man heute eine gewisse Öffentlichkeit erreichen.

In Ihrem Buch zitieren Sie den US-Psychiater und Radiomoderator Drew Pinsky, der 200 Prominente einen Persönlichkeitstest hatte ausfüllen lassen. Ergebnis: Fast alle waren enorm ich-bezogen und eigentlich ein Fall für den Psychiater. Das heißt doch letztendlich: Sie können gar nicht anders, als öffentlich permanent blankzuziehen.

Menschen haben immer die Wahl. Aber narzisstischen Persönlichkeiten fällt es in der Tat schwer, einmal von sich abzusehen und auch die Perspektive anderer Leute einzunehmen. Unglücklicherweise zieht es diese Charaktere ins Rampenlicht, wo ihre Schwächen durch die übermäßige Beachtung, die man ihnen schenkt, noch verstärkt werden. So erzählt der Künstler André Heller gern eine peinliche Geschichte über seinen Sohn, die ich hier nicht wiederholen will. Auf die Frage, ob der mittlerweile erwachsene Heller junior sich dies nicht verbeten habe, antwortete André Heller: »Nein, das hat er nicht, weil er aus vielen Gesprächen weiß, dass dies eine Schlüsselgeschichte in meinem Leben ist. Das wäre so, als wenn man zu Franz Beckenbauer sagen würde: ›Mensch, lass mal die Geschichte weg, wie du Weltmeister wurdest.‹« Soll heißen: *Ich* bin die Mitte des Universums, um die alles zu kreisen hat, inklusive meines Kindes.

Welcher Prominente geht aus Ihrer Sicht souverän mit Peinlichkeiten um?
Beispielhaft finde ich Zlatko Trpkovski, eine schnell verglühte Sternschnuppe am Medienhimmel. Der schwäbische Automechaniker mazedonischer Herkunft wurde im ersten »Big-Brother«-Container durch offensiv zur Schau gestellte Unwissenheit Kult. Sladdi versuchte sich danach als Sänger und Doku-Soap-Star, um seine Promi-Karriere schließlich stilvoll zu beenden. Als er am deutschen Vorentscheid für den Eurovision Song Contest teilnahm, wurde er vom Publikum in Hannover ausgepfiffen und trat mit Verve zurück: »Vielen herzlichen Dank, ihr Fotzköpfe!« Chapeau. Sympathisch ist mir auch die Gummipuppe Daniela Katzenberger, Karikatur

eines Männertraums, die bei Frauen keine Beißreflexe auslöst. Sie kann nichts, will aber viel, was man ihr nicht übelnimmt, da sie – anders als viele ihrer Kolleginnen – mit sich im Reinen zu sein scheint. Der Buddha unter den Promis.

Last but not least: Über welche Peinlichkeit eines Prominenten haben Sie sich am besten amüsiert?
Da fällt die Wahl schwer. Einer meiner Favoriten ist ein Lapsus des in den Medien allgegenwärtigen Ökonomen und Untergangspropheten Hans-Werner Sinn. Der von der *Bild* mal als Deutschlands »klügster Professor« Gelobte schrieb in seinem Buch »Ist Deutschland noch zu retten?«, das Land verliere permanent an Wettbewerbsfähigkeit. Das erkenne man daran, dass es immer weniger Güter ausführe. Dies versuchte Sinn mit einer Grafik, die die Exportanteile der USA und der Bundesrepublik zeigen sollte, zu belegen. Dummerweise hatten er und seine Kollegen geschlampt: Die Grafik zeigte nämlich die *Import*anteile – eine peinliche Panne, die die gesamte Argumentation in Frage stellte. Diese Blamage hat Sinn aber nicht geschadet, weil sich das Publikum wenig für fundierte Analysen interessiert. Und weil sein Meinungsausstoß so hoch ist, dass seriöse Fachleute mit der Prüfung nicht nachkommen.

Jens Bergmann ist Diplom-Psychologe und Autor von »Ich, Ich, Ich«, einer Analyse der permanenten Selbstinszenierung Prominenter.

Fallgeschichten 8:
Hätte ich doch den
Mund gehalten ...

Rechtzeitig ausgestiegen

Eine Feierstunde des Arbeitgeberverbands. Der Anlass: Firmenübergabe vom Senior auf den Junior.

Beim Umtrunk auf der Feier wurde uns ein älterer Herr vorgestellt, der den Namen der Firma trug und in seinen Mittsechzigern sein musste. Wir gratulierten ihm zum Umstand, dass er sich frühzeitig entschieden habe, die Firma seinem Junior zu übertragen – viele »Patriarchen« könnten ja nicht loslassen und mischten noch in einem Alter in der Firma mit, in dem sie eigentlich längst in Rente gehen sollten.

Seine Erwiderung: Den Glückwunsch könnten wir uns sparen. Er sei nämlich der Junior.

R.H. (m)

✳ ✳ ✳

Üble Nachrede

Rückflug von einem Geschäftstermin. Während die Stewardess die Sicherheitshinweise herunterleiert, berichte ich meinem mitfliegenden Kollegen, was ich über einen neuen Mitarbeiter gehört hatte. Obwohl ich dem Mann noch nicht einmal begegnet war, kursierten in der Firma bereits die groteskesten Geschichten über ihn: Wie er unseren Chef brüskiert hatte, mit welchen angeblichen Errungenschaften er prahle und so weiter. Ich will gerade kolportieren, wie sich der Mann auch in der Kantine danebenbenommen habe, als sich in der Reihe vor uns ein Passagier erhebt, sich mit gequältem Blick zu uns umdreht und zischt: »Offensichtlich wissen Sie es nicht, aber Sie sprechen gerade über mich.«

J.E. (m)

✳ ✳ ✳

Privatsache

In den Monaten nach meiner Trennung war ich auf der Suche nach einem neuen Partner und einem Job. Obwohl ich wenig Lust hatte, wieder als Lehrerin zu arbeiten, vereinbarte ich wohl oder übel in mehreren Schulen Vorstellungstermine. Nicht viel erfreulicher waren meine Erfahrungen mit der Partnersuche: Die meisten Kandidaten, die mir das Partnerschaftsportal vorschlug, entpuppten sich als frustrierte Langweiler. Mit einem verlief das Kennenlerntreffen sogar derart zäh, dass ich schließlich von meiner widerwilligen Jobsuche zu erzählen begann. Daraufhin sagte er gar nichts mehr. Was er denn beruflich so mache, fragte ich ihn aufmunternd. Er war der Rektor jener Schule, in der man mich am nächsten Morgen zum Vorstellungstermin erwartete.

A.S. (w)

Mit Promi-Faktor

Alec Baldwin

Einst als Traumpaar Hollywoods bekannt, wandelte sich die Beziehung von Kim Basinger und Alec Baldwin bald nach ihrer Trennung in eine öffentliche Post-Eheschlacht. Ausgetragen wurde sie unter anderem auf dem Rücken ihrer gemeinsamen Tochter Ireland, die bei ihrer Mutter Kim Basinger lebte. Als Ireland wieder einmal ein Treffen mit ihrem Vater abgesagt hatte, hinterließ der Schauspieler einen Pöbelanfall auf der Mailbox seiner elfjährigen Tochter, den er noch lange bereut haben dürfte.

Baldwin zu seiner Tochter: »Du bist ein ungezogenes gedankenloses kleines Schwein. Du hast keinen Funken Grips oder menschlichen Anstand. Es interessiert mich einen Dreck, ob du zwölf Jahre alt bist oder elf oder dass deine Mutter ein gedankenloses Miststück ist. Du hast mich zum letzten Mal gedemütigt.«

Dumm nur für Baldwin, dass sein Ausfall alsbald den Weg an die Öffentlichkeit fand. Im O-Ton, natürlich.

✳ ✳ ✳

Wir verstehen uns

Während unserer Skandinavien-Rundfahrt im VW-Campingbus wollten meine Frau und ich auch das

Schloss Skokloster (bei Stockholm) besichtigen. Leider war es, als wir dort anlangten, bereits 16 Uhr und damit nach Ende der Besichtigungszeit. Uns blieb nichts anderes übrig, als bei nasskaltem Wetter in der Nähe zu übernachten und bis 11 Uhr am nächsten Morgen auf die nächste Besichtigungstour zu warten. Während wir bei sehr kaltem Wetter frierend vor dem Einlass warteten, standen zugleich zwei junge Männer vor uns, die trotz des Wetters kurzärmlige Hemden trugen und sich auf Schwedisch unterhielten. Einer der beiden hatte eine ungewöhnlich große Nase. Es war ein wirklich dickes Ding. Aus Frust über die lange Wartezeit und das kalte Wetter machte ich meinem Ärger verbal mit einer Bemerkung über »Schweden mit großer Nase« Luft. Endlich wurde das Kassenhäuschen geöffnet, wir kauften zwei Tickets für Führungen in deutscher Sprache und wurden gebeten, noch ein paar Minuten auf unseren deutschsprechenden Fremdenführer zu warten. Dann erschien er, und es war, natürlich, jener junge Mann, über dessen große Nase ich mich lustig gemacht hatte! Ich wollte im Boden versinken, stattdessen habe ich mich natürlich sofort entschuldigt. Der junge Mann hat sich nichts anmerken lassen.

C.S. (m)

* * *

Wie meinen Sie das?

Ich bin Diplom-Restauratorin für Steinobjekte. Noch während des Studiums erhielt ich als Ferienjob den Auftrag, das Portal des Hauses eines recht wohlhabenden Chirurgen zu restaurieren. Der Hausherr war sehr freundlich, brachte uns ab und zu Getränke und unterhielt sich mit mir und meinen Kollegen. In einer dieser Pausen sagte er: »Vielleicht könnten Sie mich ja auch mal restaurieren!« Ich versuchte, schlagfertig auf diese Bemerkung zu reagieren, von der ich nicht sicher war, ob sie nur spaßig oder leicht anzüglich gemeint war, und sagte: »Oh, das wird teuer!« Das sehr zögerliche, eher gequälte Lachen der anderen machte mit schlagartig meinen Fauxpas klar: Der Herr war von der Hüfte abwärts gelähmt und saß im Rollstuhl. Er hat allerdings am lautesten gelacht und es mir scheinbar nicht übelgenommen.

A.B. (w)

✳ ✳ ✳

Do you understand me?

London. Mit meiner Schwester und zwei Freundinnen sitze ich schlaftrunken beim Frühstücksbuffet im Hotel. Ich brauche Kaffee. Wo ist denn bloß die Kaffeemaschine? Ahhh, da ist sie. Beim Kaffeeautomaten angekommen, sehe ich, dass der Behälter mit den Kaffeebohnen leer ist. Zum Glück ist eine Servicekraft in der Nähe: »Ähhhmm, excuse me, there are no coffee bones in the coffee machine«, erkläre ich ihr. Die rüstige Dame guckt mich verwirrt an, ohne einen Ton zu sagen. Boaahh, denke ich, warum versteht die mich denn nicht? Vielleicht ist sie ja etwas schwerhörig, deshalb wiederhole ich etwas lauter: »NO COFFEE BONES IN THE MACHINE!«, und deute auf die

Kaffeemaschine, als spräche ich mit einer Gestörten. Wieder ein verwirrter Blick, aber anscheinend hat sie es jetzt doch verstanden, setzt sich in Bewegung und nuschelt: »One moment, please …« Na, geht doch, denke ich. Eine Stunde später an der Rezeption. Ein Mann im mittleren Alter mit mürrischem Blick hält dort die Stellung. Aha, denke ich, bestimmt wieder so ein schwerhöriger, unfreundlicher Engländer. Also beschließe ich, am besten sofort laut, klar und langsam zu sagen, was ich will: »Excuse me Sir, could you please tell us the FAREST way to London City?« Er: »Pardon?« Neee, nicht schon wieder, was ist denn nur mit denen hier los? Also noch mal langsamer und lauter: »THE FAREST WAY TO LONDON CITY, PLE-EEEAAASEEEE!« Er grinst und holt eine Stadtkarte hervor. Sie sind schon ein seltsames Völkchen, diese Engländer. Ein Glück, dass ich ihre Sprache so gut beherrsche.

J.C. (w)

✳ ✳ ✳

Mit Promi-Faktor

Katja Burkard

Die RTL-Nachrichtensprecherin glaubte, ihr Mikrofon sei stumm geschaltet, als ein Beitrag über die US-Sängerin Kesha gesendet wurde. War es aber nicht. Und so war aus dem Off deutlich Burkards Kommentar zu vernehmen: »Wat ne Schlampe!«

Lauter, bitte!

Während meiner Schulzeit arbeitete ich in den Ferien in der Kantine eines Freilufttheaters, in der häufig Gesangsproben stattfanden. Eines Tages bestellte ein Gast bei mir etwas mit flüsternder Stimme. Ich habe mit ihm dann zunächst hin- und hergeflüstert, bevor ich ihn – weil ich einfach nichts verstehen konnte – darauf hinwies, dass zur Zeit gar keine Probe sei und er durchaus normal sprechen könne. Er erwiderte, dass er leider nur flüstern könne, da er Kehlkopfkrebs habe.

I.S.H. (w)

∗ ∗ ∗

Herzliches Beileid

Meine Jugend verbrachte ich in einem Mehrparteienhaus, unter dessen Dach eine ältere Dame wohnte, die zu den anderen Hausbewohnern – und besonders uns Kindern – ziemlich garstig war.

Eines Tages hieß es, die alte Dame sei verstorben. Obwohl wir sie nicht mochten, mussten auch wir Kinder mit zur Beerdigung kommen. Am Grab stand mit der Familie auch ein Enkel der alten Dame. Als ich an der Reihe war, ihm mein Beileid auszudrücken, kam es unvermittelt aus mir heraus: »HERZLICHEN GLÜCKWUNSCH!« Der junge Mann wurde rot im Gesicht, lächelte mich aber tapfer an, während ich im Rücken spürte, wie mich meine Mutter erbost knuffte. Dann muss auch ich sehr rot geworden sein. Im Nachhinein muss ich sagen: Das war einer der schlimmsten Tage meines Lebens.

R.K. (m)

* * *

Friede sei mit ihr

Als junger Vikar in einem schwäbischen Städtchen, neu in der Gemeinde. Ich machte – wie es üblich ist – Besuche bei alten Gemeindegliedern, die einen runden Geburtstag feiern. Gewöhnlich nimmt man zu solchen Gelegenheiten einen Piccolo sowie eine Karte mit mehr oder weniger guten und frommen Wünschen mit. So bewaffnet, steht man vor der Tür des Jubilars.

Bei einer dieser Gelegenheiten öffnete sich auf mein Klingeln ein Dachfenster. Eine jüngere Frau schaute heraus, wohl die Tochter. Ihr Blick machte mich nicht gerade sicherer. »Ja, bitte?« »Ich möchte Ihre Mutter besuchen und ihr zum Geburtstag gratulieren«, sagte ich. »Aber Herr Vikar, die haben Sie doch letzte Woche selbst beerdigt!«

Das Fenster wird geschlossen. Die Flasche Sekt verschwindet im Mantel. Und es tut sich leider kein Loch auf, in dem ich versinken könnte.

A.K. (m)

* * *

Mit Promi-Faktor

Harald Schmidt

Der Schauspieler Alain Delon war einmal zu Gast in der Show von Harald Schmidt. Der Talkmaster war bekannt dafür, sich auf seine Interviewpartner – wenn überhaupt – nur sehr knapp vorzubereiten und Gespräche eher als besseren Small Talk zu verstehen. Normalerweise schadete das nicht, aber bei Alain Delon stieß es ziemlich sauer auf. Schmidt erkundigte sich nämlich nach dem Befinden von dessen Mutter. Dummerweise war die Dame gerade kurz zuvor gestorben. »Wussten Sie nicht?«, fragte Delon pikiert zurück. »Jetzt wissen Sie's.«

✳ ✳ ✳

Ehrliche Meinung

Meine WG-Mitbewohnerin und ich hatten wochenlang für unsere Uni-Abschlussarbeit gebüffelt. Unsere Prüferin war eine sehr kompetente, aber ungeheuer strenge Professorin – eine Frau, die niemand je hatte lächeln sehen. Wir alle achteten sie, keiner mochte sie, aber natürlich musste man mit ihr klarkommen, wenn man durch die Prüfung wollte, und das ging nur, indem man ihr trotz aller Abneigung freundlichst begegnete. Eines der Themen, bei denen man mit ihr eine Lösung finden musste, war der Termin für unsere mündliche Abschlussprüfung. Also fasste sich meine Mitbewohnerin eines Tages ein Herz, griff zum Mobiltelefon und rief gemeinsam mit mir unsere Dozentin an, um einen Termin mit ihr besprechen. Ich konnte ihr förmlich zusehen, wie sie an unserem WG-Küchentisch ihren zuckersüßesten Gesichtsaufdruck aufsetzte und so, als könne sie sich nichts Schöneres vorstellen, als mit ihr zu sprechen, der Professorin im allerfreundlichsten Ton unsere Anliegen schilderte. Die Stimme, die ich aus dem Hörer mithörte, war allerdings genau der harte, schneidende Ton, den wir von unserer Dozentin kannten. Aber egal: Meine Mitbewohnerin verhandelte die Themen mit ihr, schrieb derweil fleißig mit und verabschiedete sich am Ende herzlich, vielmals dankend und auch von mir grüßend von unserer Dozentin. Es war eine Meisterstunde der Verstellung. Natürlich kostete das meine Mitbewohnerin enorme Anstrengung, jedenfalls veränderte sich im Moment, als das Gespräch beendet war, schlagartig ihr Gesichtsausdruck. Mit einem bitterbösen Blick und größter Verachtung spuckte sie die Worte »DU BLÖDE, BLÖDE KUH!« in den Hörer. Dann warfen wir uns beide vor Lachen auf den Boden: Wir hatten es geschafft und die Dozentin mit unserer gespielten Freundlichkeit umgarnt. Danach wollten wir gleich eine Mitstudentin anrufen, um ihr von unserem Prüfungstermin zu berichten. Meine Mitbewohnerin nahm das Handy zur Hand und wollte gerade die Nummer wählen, als sie beim Blick aufs Display erstarrte und es mir mit weit aufgerissenen Augen über den Küchentisch entgegenhielt: Auf dem Display wurde ein noch laufendes Gespräch angezeigt – offenbar hatte meine Mitbewohnerin, bevor sie ihre Verwünschungen ins Telefon brüllte, nicht richtig aufgelegt! Hastig nestelte sie am Display herum, bis sie die richtige Taste gedrückt hatte. Dieses Mal aber richtig. Wir blickten uns an. Es war bodenlos. Wir hatten unsere Dozentin beleidigt, uns als falsche Schlangen geoutet und uns vor ihr bis auf die Knochen blamiert. Und so sehr wir in den Wochen bis zur Prüfung auch über Wege nachdachten, aus dieser Totalblamage zu entkommen (Anrufen und sich entschuldigen? Undenkbar. Sich von der Prüfung abmelden? Nicht nach all der Zeit und Energie, die wir in unser Studium gesteckt hatten. Einfach nicht zur Prüfung erscheinen? Hätte bedeutet, dass wir durchgefallen wären). Es gab einfach keinen Ausweg. Wir mussten da durch. Also schlichen wir eines Tages mit doppelt weichen Knien zu unserer Prüfung. Der Gang nach Canossa dürfte dagegen ein Spaziergang gewesen sein. Unsere Dozentin tat zunächst so, als wäre nichts gewesen, schließlich saßen neben ihr noch zwei Co-Prüfer. Sie war einfach so hart und unnachgiebig wie immer und schenkte mir nichts. Als ich die letzte Prüfungsfrage beantwortet hatte, blickte sie mir jedoch hart ins Gesicht und sagte: »Aber Sie wissen schon, dass Sie nicht aufgelegt hatten, oder?« Ich nickte wortlos und verließ das Prüfungszimmer. Wenig später erhielt ich die Prüfungsergebnisse. Ich hatte bestanden.

M.H. (w)

* * *

Und jetzt alle!

Im zarten Alter von zwanzig Jahren wurde ich auf eine Hochzeit in den Niederlanden eingeladen. Gefeiert wurde die standesamtliche Trauung in einer Dorfkneipe. Es war lustig, und das Bier floss in Strömen. Irgendwann gingen die Spiele los. Ein älterer Holländer, mit einem Akkordeon bewaffnet, brachte Stimmung in die Bude. Jeder sollte ein Lied nennen, der Rest musste mitsingen. Als ich an der Reihe war, nannte ich ... die deutsche Nationalhymne! In Holland!!

Selbst heute, vierzig Jahre später, schäme ich mich im Stillen immer noch für diesen Fauxpas.

L.F. (m)

* * *

Was die Uhr geschlagen hat

Witzig, wenn man als Halbstarker mit dem Fußballverein ins Ausland fährt und hilfsbereite Einheimische mit Gesten nach der Uhrzeit fragt, während man sich auf Deutsch über sie lustig macht. Urkomisch. Blöd nur, wenn man im Bus auf der Heimfahrt einschläft, erst weit hinter der Grenze wieder erwacht, einem dies aber von den Kumpanen verschwiegen wird, so dass man bei einer Pause wild auf sein Handgelenk zeigend und »Idioten? Idioten?« fragend vor einem Grüppchen vermeintlich Anderssprechender steht, bis einem einer von ihnen auf Deutsch erklärt, dass man sich gerade in sehr große Schwierigkeiten geredet habe.

D.T. (m)

* * *

Mit Promi-Faktor

Nicolas Sarkozy

Eine technische Panne beim G20-Gipfel in Cannes gewährte der Öffentlichkeit einen seltenen Einblick in das, was Staatsmänner zwar nie öffentlich sagen, aber übereinander denken.

Über Kopfhörer, die für die Übersetzung verteilt und etwas zu früh eingeschaltet worden waren, konnten Journalisten die Schmähungen mithören, die der damalige französische Präsident Sarkozy über Israels Ministerpräsidenten Benjamin Netanjahu fallenließ. »Ich kann ihn nicht mehr sehen, das ist ein Lügner«, wetterte Sarkozy, zu Barack Obama gewandt. Der amerikanische Präsident, ebenfalls unfreiwillig öffentlich, antwortete: »Du bist ihn leid, aber ich habe jeden Tag mit ihm zu tun!«

Was Netanjahu über seine Kollegen denkt, ist nicht bekannt.

* * *

Lauf!

Ich habe einmal einem Jungen, der im Rollstuhl saß und auf der Suche nach seinen Freunden war, zugerufen: »Die sind da lang, lauf schnell, dann holst du sie ein!« Im selben Moment fiel mir ein, wie unpassend meine Wortwahl war. Ich hätte heulen können.

B.S. (w)

***

Kindermund tut Wahrheit kund

Ich stand mit meiner kleinen Tochter an der Super-
marktkasse, als sie plötzlich auf die Dame in der Reihe
vor uns deutete und laut vernehmlich feststellte: »Dicke
Frau«. Unmöglich, diese Situation zu retten. Zumal die
Beobachtung stimmte.

C.P. (w)

***

Auf viele glückliche Jahre!

Ich habe einmal einem befreundeten Paar folgender-
maßen zum 10. Hochzeitstag gratuliert: »Glückwunsch,
ich hätte es mit keinem von euch beiden so lange ausge-
halten!«

Fand ich lustig. Die beiden nicht. Ich hatte offenbar
genau das ausgesprochen, was beide voneinander dachten. Ein Jahr später waren sie getrennt.

M.J. (m)

***

Ein Hoch auf das Brautpaar

Mein bester Freund hatte eine russische Freundin, eine
großartige Frau, die ich im Laufe der Zeit fast ebenso
schätzen lernte wie ihn. Als sie nach ein paar gemeinsamen Jahren ihre Hochzeit ankündigten und in Mos-
kau eine gewaltige Familiensause anberaumten, war ich
natürlich eingeladen. Als »Best Man« sah ich es als

meine Aufgabe an, eine Rede auf das Brautpaar zu halten. Mein Kumpel hielt das für eine gute Idee und sagte, eine Bekannte des Brautpaars könne meine Rede für die zumeist russischen Gäste übersetzen.

Wie ich bei der Feier, die in einem festlich geschmückten Moskauer Hotelsaal stattfand, feststellte, war ich außer den Eltern meines Freundes tatsächlich der einzige deutsche Gast. Außerdem war ich, als mein Freund mir ein Zeichen gab, ziemlich aufgeregt. Ich hatte mir wirklich viel Arbeit mit meiner Rede gemacht und allerlei peinliche, launige, zotige Geschichten aus dem Vorleben meines Freundes zusammengekramt. So, wie es bei uns in Deutschland ja üblich ist. In Russland anscheinend nicht. Das realisierte ich, als meine Tischnachbarin erst flüssig, dann immer zögerlicher meine Anekdoten ins Russische übersetzte und mich zwischendurch zusehends nervös anblickte. Ich verstand zunächst nicht ganz, was sie so beunruhigte, schließlich kam ich doch gerade erst in Fahrt. Die Geschichte von unserer Abi-Fahrt, bei der mein Freund so besoffen war, dass er unter der Tower Bridge einschlief? Eigentlich doch lustig. Der Tag, an dem ihn seine damalige Freundin mit ihrer besten Freundin erwischte? Ein Brüller! Sein entscheidendes Fallrückzieher-Eigentor, das zum Abstieg unserer Herrenmannschaft führte? Darüber hatten wir beide, mein Freund und ich, doch mit einigem Abstand immer wieder herzlichst gelacht. Hier aber lachte niemand. Ich blickte in erst versteinerte, dann unverstellt feindselige Gesichter. Die Braut fixierte irgendeinen Punkt auf ihren Pumps, ihr Vater starrte mich mit einem Blick an, der eigentlich unter die Kriegswaffenkonvention fiel. Am Schlimmsten aber war mein Freund. Er schien gar nicht mehr zu schauen, sondern blickte wie tot mit geöffneten Augen vor sich hin. Das letzte Viertel meiner Rede habe ich dann hastig abgekürzt, bevor ich, während ein müder, kurzer, nicht einmal in Ansätzen höflich zu nennender Applaus einsetzte, wie ein nasser Sack auf meinen Stuhl sackte. Niemand kam, um sich zu bedanken, keiner gratulierte mir zu meiner Rede, nicht einmal mein Freund. Es sprach überhaupt niemand mehr mit mir – einmal abgesehen von meiner Tischnachbarin, die mich flüsternd aufklärte, dass in Russland Hochzeitsreden dazu da sind, um das Paar in den allerhöchsten Tönen zu loben. Dann setzte sie sich ans andere Ende des Tisches. An den Rest des Abends kann ich mich nicht mehr erinnern, weil der Wodka alles vernebelte. Ich hoffe, ich habe zumindest an diesem Teil des Abends niemanden mehr beleidigt.

J.E. (m)

* * *

Freundlicher Begleiter

Winterwochenende in den Bayerischen Bergen. Ich stehe in einem kleineren Skigebiet am Bügellift an. Ein älterer, sichtlich ergrauter Mann in Mantel und Hut kommt auf mich zu, an seiner Hand ein kleines Mädchen im Vorschulalter. Freundlich fragt mich der ältere Herr, ob ich das Mädchen mit auf den Lift nehmen würde, sie könne das noch nicht alleine. Kein Problem – ich habe genug Übung darin, meine Kinder waren ja auch mal klein. Wir also zusammen am Bügellift. Klappt prima mit der Kleinen. Jetzt noch ein bisschen Konversation.

Ich: »Na, bist du mit deinem Opa zum Skifahren hergekommen?«

Das Mädchen, entrüstet, schreit mich an: »Das ist nicht mein Opa – das ist mein Papa!«

I.W. (m)

Fallgeschichten 9:
Rote Ohren

Autokorrektur ausgeschaltet. Hirn leider auch.

Das ist mir sooooooooo peinlich: Da kriegste mal wieder eine Handynummer in die Handtasche geprümmelt und willst bei Whatsapp souverän wirken. Ich wollte ihm mitteilen, dass ich versucht hätte, ihn anzurufen. Ich schrieb also: »Hab Dich angebimmelt.«

Meine Tastatur ist aber so klein, dass ich aufs »p« statt aufs »b« drückte. Korrektur hatte ich nicht gelesen, also ging die Nachricht so raus. Dann wartete ich auf Antwort. Und wartete. Bis heute.

Vermutlich werde ich als Single-Truse in die ewigen Jagdgründe eingehen. Petrus wird an der Pforte sagen: »Na Kolumne, alte Fregatte, selbst das Anpimmeln am 23.06.14 um 20.04 Uhr haste vergeigt. Sonst warste aber unterhaltsam. Anpimmeln, da wirste doch bekloppt im Kopp! Komm rein, Whatsapp gibts hier nicht und bei Facebook ham wa dich jesperrt!«

B.U. (w)

✳ ✳ ✳

Richtig sauer

In den 70er Jahren war meine Familie einmal bei entfernten Verwandten in Ostberlin zum Kaffee eingeladen. Man saß etwas befangen um den Tisch, es gab Kaffee und Kuchen. Die Gastgeber tranken ihren Kaffee schwarz, meine Eltern mit Milch. Beim Eingießen stellten sie fest, dass sie flockte. Tapfer tranken sie den Kaffee trotzdem aus, bis am Grund der Tasse nur noch die eklige gelbweiße Masse lag, die einmal Milch gewesen war. So schien das im Osten nun mal zu sein – kein Wunder, dass die Brüder und Schwestern ihren Kaffee lieber schwarz tranken. So richtig peinlich wurde es dann, als die Frau des Hauses Kaffee nachschenken wollte und entgeistert rief: »Aber die Milch ist ja schlecht! Wieso habt ihr denn nichts gesagt?!«

O.D. (m)

***

Mit Promi-Faktor

Thomas Köppl

Der Bürgermeister der schleswig-holsteinischen Kleinstadt Quickborn kann einem wirklich leidtun. Eigentlich wollte Thomas Köppl etwas Gutes tun, nämlich seinen Mitbürgern angesichts zunehmender Fremdenfeindlichkeit den Wortlaut unseres Grundgesetzes in Erinnerung rufen. Gleichzeitig avancierte er aber unfreiwillig zu einem Paradebeispiel dafür, wie man eine peinliche Situation verschlimmert, indem man sie unbeholfen zu retten versucht. Aber der Reihe nach:

Aus seinem Italienurlaub postete der Kommunalpolitiker einen Screenshot des Grundgesetzes auf Facebook. Dazu schrieb er in nicht ganz fehlerfreiem Deutsch: »Nein, die AfD ist keine Partei mehr wie jede andere, nach dem rausdrücken der Demokraten um Lucke und co steht diese Partei nicht mehr auf dem fundament unseres Grundgesetzes.« Dummerweise waren auf Köppls Screenshot noch die Tabs anderer Webseiten – vom Kaliber »BDSM Porno Videos« und »German Slut punished« – erkennbar, die offenbar vom selben iPad geöffnet worden waren. Das fiel dann wohl auch Köppl irgendwann auf.

Als er seinen Post wenig später löschte, war er aber bereits anderen Usern aufgefallen. Nachdem auch die BILD-Zeitung über den Fauxpas berichtete (»Steht der Bürgermeister von Quickborn auf Klick-Porn?«), hinterließ der Christdemokrat auf »Quickborn meine Stadt« eine längere und ziemlich erstaunliche Erklärung. »Ja, ich habe die betreffenden Seiten besucht (...). Kurzum und dass ist peinlich, eine Gruppe junger Männer hat sich im Skilift ausführlich über BDSM unterhalten. Sorry, da war ich nicht so »up to Date«, auch peinlich. Die Seite xhamster (leicht zu merken) wurde öfter genannt. Auf meinem Zimmer angekommen, hab ich mich mal schlau machen wollen. Für die Filme war das Netz zu langsam. Wikipedia hat geklappt und »fifty shades of gray« war bei Wiki auch gut zur Erklärung. Anschließend ging auch gleich das Grundgesetz gut zu finden. Also wer sich informieren möchte, kann diese Seiten besuchen. Ich bin jetzt informiert. Wer es mag, kann bestimmt viel Spaß mit BDSM haben – ich finde es eher verstörend. Also nicht meins. Hab mit Gewalt generell ein Problem.«

Auf Facebook wurde Köppls Einlassung unter anderem so kommentiert: »Schöne Antwort. Was davon wahr ist und was nicht, bleibt ohnehin Ihr Geheimnis. Und jeder Mann, der behauptet, noch nie auf einer Pornoseite gewesen zu sein, ist ein Lügner oder hat ein Problem mit seiner Sexualität.«

✳ ✳ ✳

In festen Händen

Ich hatte einen schwulen Arbeitskollegen, mit dem ich mich blendend verstand und über alle möglichen Dinge unterhielt. Nur sein Liebesleben hat er immer verheimlicht. Irgendwann lud einer meiner Chefs zu einer Grillparty ein. Da ich den Mailverkehr meines Chefs immer weitergeleitet erhielt und mitlesen konnte, konnte ich auch den Kontakt zwischen eben diesem schwulen Kollegen und meinem Chef mitlesen. Mein schwuler Kollege schrieb dann irgendetwas von »Ich kann leider nicht kommen, da ist ein Freund vom Erasmus zu Besuch!«

Investigativ und selbstsicher tratschte ich einer weiteren Kollegin sofort: »Du, der Christian hat einen Freund! Der heißt Erasmus! Und dessen Freund besucht ihn!«, bis sie mir erklärte: »Ähm … Erasmus ist ein Studentenaustauschprogramm.« Das hatte ich bis dato nicht gewusst – man lernt ja nie aus. Mein Kollege selbst hat sich köstlich darüber amüsiert, als ihm die Geschichte zugetragen wurde.

N.D. (w)

* * *

Ehrlich quält am längsten

Morgens beim Brötchenholen in der Bäckerei. Mein vierjähriger Sohn umarmt mich, gräbt sein Gesicht in meinen Schritt, schaut hoch und sagt: »Papa, du stinkst.« O Mann.

B.T. (m)

* * *

Flotter Abgang

Mit den Jungs im Urlaub auf Koh Samui, Thailand. Wir wollten uns Mopeds ausleihen. Ich war zwar noch nie eines gefahren, aber das musste ja niemand wissen, und wie schwer konnte das schon sein. Als ich dann vor dem Typen vom Verleih aufsaß, konnte ich mir ein »Hui« nicht verkneifen, so unerwartet stark war die Beschleunigung. Na ja, jetzt saß ich schon drauf. Ich fuhr also los, und zwar schnell. Zu schnell, und dann verwechselte ich auch noch das Gas mit der Bremse, denn die ist ja beim Fahrrad genau so ein Hebel. Ich rauschte einmal quer über die Straße auf den 7-Eleven-Supermarkt gegenüber zu. Wäre da kein hoher Bordstein gewesen, wäre ich da auch noch reingerauscht. So blieb das Moped am Bordstein hängen, ich machte einen Abgang über den Lenker und landete direkt im

Eingang des Supermarkts. Für den Rest des Urlaubs grüßte mich dort keiner mehr. Und unsere Mopedtour fiel aus.

F.R. (m)

Was passiert mit unserem Körper, wenn wir am liebsten im Boden versinken würden?

Mêdiâ vîtâ in morte sûmus, auf Hochdeutsch: »Mitten im Leben sind wir vom Tod umgeben.« Das schreibt der mittelalterliche Epiker Hartmann von Aue in seiner Erzählung »Der arme Heinrich«. Gut 800 Jahre später ist das Gefühl immer noch weit verbreitet. Allerdings würde man heute etwas unprosaischer ausdrücken: »Ich wäre am liebsten gestorben.«

Was mit unserem Körper passiert, wenn wir im Boden versinken, sterben oder uns zumindest in Luft auflösen wollen, ist mittlerweile ziemlich gut erforscht. Sally Dickerson, Psychologin an der Universität von Los Angeles, hat dies getan, indem sie eine Gruppe von Versuchsteilnehmern bat, den blamabelsten Moment ihres Lebens noch einmal Revue passieren zu lassen. Danach untersuchte sie die Speichelproben ihrer Probanden. Dabei entdeckte Dickerson erhöhte Konzentrationen genau jener Immun-Signalstoffe, die der Organismus auch bei Infektionen aktiviert. Botenstoffe wie Tumornekrosefaktor-a sorgen dafür, dass die Durchblutung angekurbelt, Schutzzellen schneller aktiviert und Abbauprodukte effektiv entsorgt werden. Sie lassen aber nicht nur den Kopf heiß und das Gesicht rot werden, sondern erzeugen auch ein Krankheits- und Lähmungsgefühl, das den Organismus bewegen soll, alle verfügbaren Ressourcen dem Immunsystem zu überlassen und sich zu verkriechen.

Die Folge: In peinlichen Augenblicken fühlen wir uns plötzlich schachmatt wie bei einer einsetzenden Grippe. Die Symptome dieser Pseudogrippe wiederum – roter Kopf, schlaffe Haltung – sind zwar persönlich extrem unangenehm, aber gesellschaftlich sehr nützlich. Denn sie signalisieren anderen, dass wir uns unseres Fehlverhaltens bewusst sind. Für uns selbst sind sie ein Alarmzeichen, dass wir gerade eine Grenze verletzt haben.

Es gibt nur zwei Gruppen, die diese unsichtbare Messlatte konsequent unterlaufen. Die einen sind Kleinkinder, die das Schamempfinden erst noch erlernen müssen. Die andere sind Menschen, bei denen (etwa durch einen Unfall) der orbifrontale Cortex und damit jener Teil des Hirns beschädigt ist, in dem komplexe Gefühle angesiedelt sind. Diese Patienten können zwar noch Gefühlsregungen wie Angst oder Ekel empfinden, also Basisemotionen, die tief im limbischen System verankert und damit entwicklungsgeschichtlich viel älter sind als Scham. Das Gefühl für Letztere haben sie eingebüßt. Patienten, deren orbifrontaler Cortex verletzt ist, gaben in Interviews intime Details preis, die gesunde Patienten nicht einmal ihren engsten Freunden verraten würden.

Was im unversehrten Hirn passiert, wenn man sich peinlich berührt fühlen, hat Dr. Laura Müller-Pinzler von der Universität zu Lübeck zusammen mit Prof. Sören Krach und seinem Kollegen Frieder Paulus erforscht. Gut zwei Dutzend Versuchspersonen wurden zu einem Test eingeladen, bei dem es, wie ihnen gesagt wurde, um ihr Einschätzungsvermögen gehen solle.

Zu Beginn des Versuchs wurde jeder Proband zusammen mit drei weiteren Teilnehmern in einer Vierergruppe instruiert und einem Intelligenztest unterzogen. Dass ihre drei Mitteilnehmer in Wirklichkeit Mitarbeiter der Forschungsgruppe waren, wurde den Probanden genauso wenig verraten wie die Tatsache, dass der IQ-Test eine reine Farce war. Auch dass Aufgaben wie »Was glauben Sie: Wie weit ist Paris von Berlin entfernt?« lediglich dazu dienten, den wahren Zweck des Versuchs – nämlich die Mechanismen der Peinlichkeit – zu verschleiern, erfuhren die Teilnehmer erst im Nachhinein.

Tatsache war, dass jeder der Teilnehmer glaubte, als Intelligentester seiner Gruppe in die Schätzrunde zu gehen. Im Kernspintomographen liegend wurden ihm dann Aufgaben wie »Was glauben Sie, wie hoch ist das Haus auf dem Foto?« gestellt. Krach: »Wir haben den Probanden dann willkürlich Ergebnisse wie »Ihre Schätzung war schlechter als bei 95 Prozent der Studierenden« mitgeteilt, das heißt: Wir haben den vermeintlich Intelligentesten der Gruppe ein überdurchschnittlich schlechtes Urteilsvermögen unterstellt.« Dabei wurde unter anderem die Vergrößerung ihrer Pupille gemessen – eine Reaktion, die typisch ist für erhöhte Erregung. Und die war besonders dann zu messen, wenn Probanden, denen man gerade gesagt hatte, dass sie (scheinbar) schlecht abgeschnitten hatten, sich von ihren drei Mit-Versuchsteilnehmern beobachtet fühlten.

Auf diese Weise konnten die Forscher zeigen, dass

bei peinlichen Erlebnissen zwei neuronale Netzwerke im Gehirn verstärkt aktiviert werden: Einerseits sind es Hirnregionen, die Erregung vermitteln, und zwar insbesondere dann, wenn Erlebnisse von unseren Erwartungen an die Situation abweichen. Andererseits belebt sich ein Netzwerk aus Regionen, das dabei hilft, die Perspektive anderer Menschen einzunehmen und uns ein Abbild der Meinung anderer zu verschaffen. Mit anderen Worten: Für peinliche Gefühle sind Hirnregionen verantwortlich, die mit unseren Ansprüchen an uns selbst und jenem Bild zu tun haben, das wir bei anderen von uns erzeugen möchten.

Interessanterweise neigen wir dazu, andere für deutlich mutiger (oder, je nach Sichtweise, scham-loser) zu halten als uns selbst. Der Psychologe George Loewenstein von der Carnegie Mellon Universität hat dies mit einem einfachen Versuch gezeigt: Seinen Versuchsteilnehmern bot Loewenstein an, für ein kleines Honorar eine Tanz- oder Pantomimeeinlage vor Publikum vorzuführen, mit anderen Worten: sich in eine potentiell peinliche Situation zu bringen. Gleichzeitig sollten die Probanden einschätzen, ob andere sich einen solchen Auftritt zutrauen würden. Ergebnis: Selbst jene, die Loewensteins Angebot rundweg ablehnten, waren überzeugt, dass die anderen sich hemmungslos auf der Bühne produzieren würden. Ihren Mitmenschen trauten sie also viel mehr Mut bzw. Schamlosigkeit zu, als diese tatsächlich besaßen.

Was aber, wenn man unfreiwillig in eine peinliche Situation gerät? Gegen die biologischen Mechanismen der Scham lässt sich bekanntlich wenig ausrichten. Gegen ihre Phantomschmerzen aber helfen die drei Grundregeln souveräner Peinlichkeit. Erstens: Rückgängig machen lässt sich sowieso nichts. Zweitens: Selbstironie hilft, die Peinlichkeitsgefühle zu überwinden. Und drittens: Wirklich peinlich ist nur, wer nicht über sich selbst lachen kann.

Fallgeschichten 10:
Der Geist ist willig, aber das Fleisch ist schwach

Blutige Anfängerin

Als meine Freundin B. ihr erstes Bewerbungsgespräch als Ärztin hatte, passierte ihr etwas sehr Unangenehmes. Sie trug wie üblich eine weiße Bluse und eine enge schneeweiße Hose, als sie auf einem Stuhl vor dem Schreibtisch ihres künftigen Chefs Platz nahm. Schon als sie zum Gespräch hereingebeten wurde, spürte sie, wie ausgerechnet in diesem Moment ihre Regel einsetzte. Und zwar viel zu früh und daher unvorbereitet!

Während des Gesprächs spürte B. deutlich, dass ihre Monatsblutung diesmal ungewöhnlich heftig kam, so dass sie sicherheitshalber ihre Beine übereinanderschlug. Aber es half nichts. Als das Vorstellungsgespräch endlich beendet war und ihr Gegenüber mit ausgestreckter Hand aufstand, um sie zu verabschieden und zur Tür zu begleiten, verriet ihr ein kurzer Blick, dass ihre Regel voll durchgeschlagen hatte: Erkennbar an einem untertassengroßen, dunkelroten Fleck zwischen ihren Beinen.

M.W. (w)

* * *

Einmal mit allem

An einem der heißesten Tage des letzten Jahres hielt ich es für eine gute Idee, in der Mittagspause bei einer bekannten Fast-Food-Kette zu essen. Trotz der Hitze verspeiste ich ein großes Menü mit Burger, Pommes und Cola. Dass das keine gute Idee war, merkte ich bereits kurze Zeit später.

Nach der Arbeit war mir extrem übel, aber zum Glück hatte ich nur die kurze Fahrt in der – überfüllten – Regionalbahn zu überstehen, bevor ich zu Hause ins Bett konnte. Kaum eingestiegen, war es jedoch so weit: Mein kompletter Mageninhalt ergoss sich ebenso plötzlich wie heftig – über meinen Schoß, jenen meiner Sitznachbarin und das Gepäck der Mitreisenden. Deren Blicke (und den Geruch) musste ich die nächsten 15 Minuten ebenfalls noch ertragen – und sie mich.

D.H. (m)

* * *

Die komplette Entspannung

Nach dem Aufwärmen im Leistungsturnen setzten wir uns immer in einen großen Kreis, um gemeinsam zu dehnen. Der Trainer ging in »Plumpsack«-Manier herum und korrigierte die Haltung. Bei einer dieser Übungen hält man im Sitzen die Fußsohlen aneinander, während man den Oberkörper so nah wie möglich an den Boden bringen muss. Dabei half der Trainer bei mir nach, indem er meinen Rücken weiter nach unten drückte. Leider war das ein bisschen zu viel des Guten, und mir entfuhr ein lauter Pups.

Das ist sicher schon 15 Jahre her, aber diesen Grad an Peinlichkeit konnte ich seither nicht mehr toppen.

C.M. (w)

* * *

Mit Promi-Faktor

Johann Peter Grzeganek

Kein Mensch würde heute Johann Peter Grzeganek kennen, hätte den deutschen Touristen nicht auf dem Rückflug von einem US-Urlaub ein dringendes menschliches Bedürfnis überkommen. Kurz nach dem Start Richtung Hannover hielt es Grzeganek nicht mehr auf seinem Platz, obwohl die Kabinencrew darauf bestand, dass er sitzen bleibe, solange das Anschnallzeichen leuchtete.

Das aber konnte Grzeganek offenbar nicht mehr. Der Passagier sprang von seinem Sitz auf und brüllte auf Deutsch: »Ich muss sofort aufs Klo, oder ich geh durch die Decke. Ich explodiere gleich.« Von der Kabinencrew sprach zwar niemand Deutsch, aber beim Verb »explodieren« spitzte sie die Ohren. Man befürchtete, es mit einem Selbstmordattentäter zu tun zu haben, so dass der Flugkapitän tat, was in einem solchen Fall zu tun ist: sämtlichen Treibstoff ablassen und unverzüglich eine Notlandung (in diesem Fall: auf dem Flughafen von Fort Lauderdale) einleiten. Dort nahmen Sicherheitskräfte den vermeintlichen Attentäter sofort fest und verfrachteten ihn für zehn Monate in Untersuchungshaft. Als sein Fall schließlich verhandelt wurde, ließ sich der Irrtum relativ schnell aufklären. Der Richter wertete das ganze Verfahren als lächerlich, entschuldigte sich bei Grzeganek und ließ ihn laufen. Damit aber war der Horror für den Touristen noch längst nicht beendet. Vor dem Gerichtsgebäude wurde er ein zweites Mal festgenommen, weil während der zehnmonatigen Haft ja sein Touristenvisum abgelaufen war. Den Rest seines US-Aufenthalts verbrachte Grzeganek im Gefängnis von Miami, bis er schließlich abgeschoben wurde.

✳ ✳ ✳

Aber bitte mit Sahne!

Ich befand mich in einem merkwürdigen Zustand: Aufgeregt und glücklich, weil ich zum ersten Mal bei der Familie meines Freundes zu Hause war. Und gleichzeitig angeekelt, weil vor mir ein Erdbeerkuchen mit Sahne stand. Ich hasse Sahne. Alleine beim Gedanken an Sahne dreht sich mir der Magen um. Die Mutter meines Freundes hatte es aber gut mit mir gemeint, und ich wollte nicht den Eindruck erwecken, ein schwieriger Gast zu sein. Damit sie mir nichts anmerkte, schaufelte ich, als ich kurz alleine im Zimmer war, hastig sämtliche Sahne hastig in mich hinein. Damit hatte ich es Gottseidank hinter mir. Dachte ich zumindest. Als die Familie aber kurze Zeit später um mich herum saß und ich bereits ein wenig grün um die Nase gewesen sein muss, bemerkte die Mutter den Sahnemangel auf meinem Teller und begrub mein Kuchenstück, bevor ich protestieren konnte, unter einer neuen und noch viel größeren Sahnelawine. Das sci wohl meine Leib-speise, sagte sie lächelnd und ließ mich keine Sekunde aus den Augen, während ich den gefühlten Liter Sahne in mich hineinwürgte.

Es kam, wie es kommen musste: Mir wurde hunde-übel. Ich entschuldigte mich unter Zuhilfenahme aller Contenance, die ich noch hatte, und eilte zur Toilette.

Leider war die Wohnung alles andere als weitläufig, und als ich die Tür hinter mir zuschlug und mich über die Schüssel beugte, hat vermutlich jeder mitbekommen, was ich dort gemacht habe.

Bis heute wurde diese Thema in der Familie nie ange-sprochen. Sahne habe ich aber keine mehr bekommen.

K.L. (w)

* * *

Heiße Angelegenheit

Es hatte mich einige Jahre Überredungskunst gekostet, bis ich meinen Freund dazu gebracht hatte, endlich ein-mal mit mir in die Sauna zu gehen. Öffentliche Nackt-heit war seine Sache nicht. Mir zuliebe überwand er sich. Nach einiger Zeit in der Sauna entspannte er sich, und wir begannen herumzualbern. Nachdem er mich ins kalte Becken geschubst hatte, wollte ich es ihm heimzahlen und flüsterte ihm beim nächsten Saunagang Unanständigkeiten ins Ohr. Er wehrte mich ab, doch ich blieb beharrlich – und mein Reden zeigte Wirkung bei ihm. So offensichtlich, dass es auch anderen Gästen auffiel und diese (ich hatte längst aufgehört) den Bade-meister riefen, der meinen Freund unter großem Hallo durch die gesamte Badelandschaft nach draußen eskortierte. Leider konnte meine flammende Verteidigungsrede den Hausherrn nicht davon abhalten, die Polizei zu rufen. Ich weiß nicht, ob das anschließende Gespräch mit den Ordnungshütern (ich konnte sie von einer Anzeige abbringen) oder die einstündige Heimfahrt mit meinem Freund schlimmer waren. In der Sauna sind wir seither nicht mehr gewesen.

S.J. (w)

* * *

Ein überwältigender Antrag

Es war bei einem Dinner im Haus von Freunden, wir waren zu acht und die Zeit schon vorgerückt, als mir plötzlich übel wurde und mein Kreislauf schlappmachte. Ich ging in die Küche, um mir ein Glas Wasser zu holen. Da stand auf einmal B. vor mir und fragte mich doch tatsächlich nach einem Date! Sein »Willst du mal mit mir ausgehen?« war das Letzte, was ich hörte, dann fiel ich an Ort und Stelle in Ohnmacht. B. hat mich nie wieder gefragt. Schade eigentlich ...

N.A. (w)

* * *

Glas vorm Kopf

Mein peinlichster Moment: Als ich am Kiosk bezahlte, »Danke« sagte, mich fröhlich umdrehte – und mit dem Gesicht voll gegen die Glastür prallte.

M.G. (w)

* * *

Mit Promi-Faktor

Alexandra Kerry

Filmfestspiele Cannes, die Premiere des Tarantino-Films »Kill Bill II«. Alexandra Kerry, Filmemacherin und Tochter des damaligen Präsidentschaftskandidaten und heutigen US-Außenministers John Kerry, erscheint im Palais du Festival in einem schwarzen Kleid von Chopard. Was Kerry vermutlich bewusst ist: Das enggeschnittene Kleid steht ihr ganz ausgezeichnet. Was sie offensichtlich nicht weiß: Manche Kleiderstoffe sind zwar blickdicht, im Blitzlicht aber so durchsichtig wie Klarsichtfolie. So, wie Kerry an diesem Abend freundlich winkend über den Teppich schreitet, hätte sie – wie auf den enthüllenden Fotos erkennbar ist – jedenfalls auch nackt erscheinen können.

* * *

Scharfer Blick

Zusammen mit einem Kollegen probierte ich in einer Mittagspause das neue türkische Restaurant aus, das bei unserem Büro um die Ecke eröffnet hatte. Gewöhnlich gehe ich mit diesem Kollegen nicht zum Mittagessen, denn er ist ein unglaublich nervöser und eitler Typ, der sich beim Reden ständig durch die gegelten Haare fährt und mit zwei Fingern seine Brille (natürlich eines dieser Designermodelle mit farbigen Bügeln) die Nase hochschiebt. Heute aber waren wir mit einer Gruppe Kollegen unterwegs, da würde es auszuhalten sein.

Leider hatte der Koch keinen so guten Tag oder schlappe Küche war sein Stil, jedenfalls schmeckten unsere Döner-Teller ziemlich langweilig. Wir griffen daher kräftig zu den getrockneten Chiliflocken, die in einer Schale in der Tischmitte bereitstanden, und verteilten sie mit spitzen Fingern über unseren Gerichten. Mein Kollege erzählte derweil wieder wortreich von angeblichen Heldentaten, die er am Wochenende auf Golf-, Fußball- oder sonstigen Plätzen vollbracht hatte.

Er war gerade mitten in einer Geschichte, als er plötzlich seine Gabel fallen ließ, die Hände vors Gesicht schlug und schmerzerfüllt zu brüllen begann. Wir verstanden zunächst nicht, was los war, bis er die Hände vom geröteten Gesicht nahm, sich die Brille von der Nase riss und wir sahen, dass seine Augen wie verrückt tränten. Beim Hochschieben seiner Brille hatte er sich mit seinen chilischarfen Fingern in den Augenwinkel gefasst! Jetzt sah er aus wie ein Tränengasopfer bei einer Demo und schrie um Hilfe.

Ehrlich gesagt: Wir konnten uns nicht wirklich entscheiden, ob wir schadenfroh lachen oder helfen sollten, und entschieden uns dann für beides. Zusammen mit dem herbeigeeilten Wirt hakten wir meinen Kollegen unter, schleiften ihn auf die Toilette, hielten sein Gesicht unter den Wasserhahn und spülten die Augen minutenlang aus, bis er wieder einigermaßen sehen konnte.

Wir alle hatten noch den ganzen Tag gerötete Augen.
Er vom Chili, wir vom (heimlichen) Lachen.

A.S. (m)

✳ ✳ ✳

Objekt der Forschung

Als Student musste ich, auch das gibt's, eine Krampf-
ader-Operation am Hoden über mich ergehen lassen –
um die Chance auf Nachwuchs zu erhöhen. Sicherheitshalber wählte ich das Universitätskrankenhaus der
Stadt, ein Hospital mit tadellosem Ruf. Die OP verlief
auch tatsächlich gut, am nächsten Tag lag ich unten
rundherum rasiert und mit weißem Hodenhalter – auch
das gibt's, es handelt sich um eine Art medizinischen
Straps fürs männliche Genital – im Krankenbett und
harrte der Wundheilung.

Was ich bei der Auswahl der Klinik nicht bedacht
hatte, war die Ausbildungsfunktion, die so ein Universitätskrankenhaus erfüllt. Bei der Visite kam nicht
nur der Chefarzt, sondern ein gutes Dutzend Menschen ins Krankenzimmer getrabt: Schwestern sowie
hübsche Medizinstudentinnen und -studenten meines
Alters.

Als ich den Tross ins Krankenzimmer einbiegen und
auf mein Bett zusteuern sah, wurde mir flau im Magen.
Richtig schlecht wurde mir, als der diensthabende Arzt
an meinem Bett stand und sich seine Entourage er-
wartungsvoll um ihn gruppierte. Dann sagte er zu mir:
»Na, dann schlagen sie mal die Bettdecke hoch …«

J.K. (m)

Quellen und weiterführende Literatur

Jens Bergmann: »Ich, Ich, Ich. Wir inszenieren uns zu Tode«, Metrolit, 2013

Cynthia Ceilán: »Dumm gelaufen. 600 Missgeschicke mit Todesfolge«, Bastei Lübbe, 2011

Julia Döring: »Peinlichkeit. Formen und Funktionen eines kommunikativ konstruierten Phänomens«, Transcript, 2015

Rich Dreben u.a.: »Als ich mich nackt auf die Haarbürste setzte. Peinliche Geschichten aus der Notfallambulanz«, Bastei Lübbe, 2013

Micha Hilgers: »Scham. Gesichter eines Affekts«, Vandenhoeck & Ruprecht, 2012

Jennifer Jacquet: »Scham. Die politische Kraft eines unterschätzten Gefühls«, Fischer, 2015

Dieter Korczak: »Schamlos! Analyse der neuen Schamlosigkeit«, Asanger, 2013

Sabine Gräfin zu Nayhauß: »War das peinlich … Prominente erzählen«, ECO, 2001

Stephen Pile: »Dumm gelaufen statt gut gegangen«, Blanvalet, 2014

Christian Saehrendt: »Blamage! Geschichte der Peinlichkeit«, Bloomsbury, 2012

Beatrix Schmittenkötter: »Peinlich! 100 Prominente gestehen«, Heyne, 2004

Günther Seidler: »Der Blick des Anderen. Eine Analyse der Scham«, Klett-Cotta, 2015

Christian Eisert

Kim & Struppi
Ferien in Nordkorea

Mit zahlreichen farbigen Abbildungen.
320 Seiten. Klappenbroschur.
Auch als E-Book erhältlich.
www.ullstein-extra.de

Ein unmöglicher Urlaub oder: Tanzen mit Atomraketen

Wie viele Touristen jährlich Nordkorea besuchen, lässt sich exakt sagen: wenige. Dabei hält so ein Urlaub im Reich von Kim Jong-un viele Überraschungen bereit: Autobahnen ohne Autos, Hotels, in denen der fünfte Stock fehlt, und ein Tänzchen an der gefährlichsten Grenze der Welt – zu den Klängen von »Tränen lügen nicht«.

Christian Eisert ist 1.500 Kilometer durch die Demokratische Volksrepublik gereist. Mit gefälschter Biographie. Unter ständiger Beobachtung des Geheimdienstes. Und auf der Suche nach Kim Il-sungs legendärer regenbogenfarbener Wasserrutsche.

Das Ergebnis ist einfach irre – und sehr komisch.

ullstein extra

Lena Greiner /
Carola Padtberg-Kruse

Nenne drei Nadelbäume: Tanne, Fichte, Oberkiefer
Die witzigsten Schülerantworten

Taschenbuch.
Auch als E-Book erhältlich.
www.ullstein-taschenbuch.de

Genial daneben!

Wenn Lothar Matthäus die Bibel übersetzt hat, waren Deutschlands Schüler mal wieder besonders kreativ. SPIEGEL ONLINE hat Lehrer dazu aufgerufen, die skurrilsten Stilblüten und Fehler aus Prüfungen, Klausuren und Unterrichtsstunden zu verraten und Hunderte von Einsendungen erhalten. Die besten davon sind in diesem Buch versammelt: Witzig, absurd und manchmal zum Verzweifeln – denn wer nichts weiß, kann alles raten.

ullstein